澳門富紳高可寧

Kou Ho Neng, Rico Comerciante de Macau

澳門知識叢書

澳門富紳高可寧

張恒　劉正瑋

三聯書店（香港）有限公司
澳門基金會

責任編輯　陳思思

封面設計　鍾文君　吳冠曼

叢 書 名　澳門知識叢書

書　　名　澳門富紳高可寧

作　　者　張恒　劉正瑋

聯合出版　三聯書店（香港）有限公司
香港北角英皇道 499 號北角工業大廈 20 樓
澳門基金會
澳門新馬路 61 - 75 號永光廣場 7 - 9 樓

香港發行　香港聯合書刊物流有限公司
香港新界荃灣德士古道 220-248 號 16 樓

版　　次　2020 年 12 月香港第一版第一次印刷

規　　格　特 32 開（120 mm × 203 mm）140 面

國際書號　ISBN 978-962-04-4692-4

Published in Hong Kong

總序

對許多遊客來說，澳門很小，大半天時間可以走遍方圓不到三十平方公里的土地；對本地居民而言，澳門很大，住了幾十年也未能充分了解城市的歷史文化。其實，無論是匆匆而來、匆匆而去的旅客，還是“只緣身在此山中”的居民，要真正體會一個城市的風情、領略一個城市的神韻、捉摸一個城市的靈魂，都不是一件容易的事情。

澳門更是一個難以讀懂讀透的城市。彈丸之地，在相當長的時期裡是西學東傳、東學西漸的重要橋樑；方寸之土，從明朝中葉起吸引了無數飽學之士從中原和歐美遠道而來，流連忘返，甚至終老；蕞爾之地，一度是遠東最重要的貿易港口，“廣州諸舶口，最是澳門雄”，“十字門中擁異貨，蓮花座裡堆奇珍”；偏遠小城，也一直敞開胸懷，接納了來自天南海北的眾多移民，“華洋雜處無貴賤，有財無德亦敬恭”。鴉片戰爭後，歸於沉寂，成為世外桃源，默默無聞；近年來，由於快速的發展，“沒有什麼大不了的事”的澳門又再度引起世人的關注。

這樣一個城市，中西並存，繁雜多樣，歷史悠久，積澱深厚，本來就不容易閱讀和理解。更令人沮喪的是，眾多檔案文獻中，偏偏缺乏通俗易懂的讀本。近十多年雖有不少優秀論文專著面世，但多為學術性研究，而且相當部分亦非澳門本地作者所撰，一般讀者難以親近。

有感於此，澳門基金會在 2003 年“非典”時期動員組織澳門居民“半天遊”（覽名勝古跡）之際，便有組織編寫一套本土歷史文化叢書之構思；2004 年特區政府成立五周年慶祝活動中，又舊事重提，惜皆未能成事。兩年前，在一批有志於推動鄉土歷史文化教育工作者的大力協助下，“澳門知識叢書”終於初定框架大綱並公開徵稿，得到眾多本土作者之熱烈響應，踴躍投稿，令人鼓舞。

出版之際，我們衷心感謝澳門歷史教育學會林發欽會長之辛勞，感謝各位作者的努力，感謝徵稿評委澳門中華教育會副會長劉羨冰女士、澳門大學教育學院單文經院長、澳門筆會副理事長湯梅笑女士、澳門歷史學會理事長陳樹榮先生和澳門理工學院公共行政高等學校婁勝華副教授以及特邀編輯劉森先生所付出的心血和寶貴時間。在組稿過程中，適逢香港聯合出版集團趙斌董事長訪澳，知悉他希望尋找澳門題材出版，乃一拍即合，成此聯合出版之舉。

澳門，猶如一艘在歷史長河中飄浮搖擺的小船，今天終於行駛至一個安全的港灣，“明珠海上傳星氣，白玉河邊看月光”；我們也有幸生活在“月出濠開鏡，清光一海天”的盛世，有機會去梳理這艘小船走過的航道和留下的足跡。更令人欣慰的是，“叢書”的各位作者以滿腔的熱情、滿懷的愛心去描寫自己家園的一草一木、一磚一瓦，使得吾土吾鄉更具歷史文化之厚重，使得城市文脈更加有血有肉，使得風物人情更加可親可敬，使得樸實無華的澳門更加動感美麗。他們以實際行動告訴世人，“不同而和，和而不同”的澳門無愧於世界文化遺產之美譽。有這麼一批熱愛家園、熱愛文化之士的默默耕耘，我們也可以自豪地宣示，澳門文化將薪火相傳，生生不息；歷史名城會永葆青春，充滿活力。

吳志良

二〇〇九年三月七日

目錄

同善堂高可寧像

導言

自澳門開埠以來，這座小城誕生眾多顯赫的家族：盧家、先拿・非難地（Bernardino de Senna Fernandes）家族、傅家、高家、何家、崔家和馬家等。他們對澳門的貢獻良多，而接下來我們將篇幅留給主人公——高氏家族之首高可寧。

高可寧（1878－1955），字富順，自小便在廣東、香港與澳門四處拚搏求生存，往來省港澳經商途中逐漸發覺在澳門投資是不可多得的機會，於是先後成立公司、經營鴉片煙、開辦德成按、德生按、裕豐按等多家大型按押店，曾經營著如福衡銀號這樣的錢莊銀號，米舖、酒舖、舖票行等亦有涉足。嚐到甜頭的高可寧將其商業計劃拓展至當時澳門的朝陽行業——娛樂業，後又涉足輪船業務和地產經營。經過一番打拚，高可寧從底層草根爬到了上流社會。然而，如果我們見到小時候的高可寧，可能並不會把他與一方富賈聯繫起來，估計年幼時的他也不曾想過有朝一日會富甲一方，因為他早年喪父、家庭清貧。窮苦出身並沒有讓他變得自私自利，反而促使他更熱衷於公益慈善事業、救濟鄉間貧苦人家，曾多次斥資捐贈善堂、醫院、紅十字會和開辦學校等。這樣樂善好施的行為與品格，獲得了澳門社會與政府對其的首肯與讚許。

然而在抗日戰爭（1937 年至 1945 年，由日軍全面侵華為起，到日軍無條件投降為止）及戰後的時期，有著慈善家之譽的高可寧卻被當時的國民政府和內地輿論視為是“經濟漢奸”。戰爭時期，儘管澳門因為特殊的背景地位而倖免於日軍的炮火，未遭受戰爭荼毒，但日本通過嚴格管理澳門進出口業務的手段，變相全面封鎖澳門，並控制澳門的經濟、政治活動。心懷家國的高可寧，不忍大量逃亡到澳門躲避戰爭的群眾無家無食，自發參與慈善數百次，積極救濟澳門的受難民眾。或許是戰後大陸政府及市民高亢的反日情緒讓他們忽視了高可寧為澳門市民以及來澳的難民所做的貢獻，就斷定高可寧與日本人在戰時有生意往來，並判定高可寧是“經濟漢奸”。

既是富商、實業家、慈善家，又是“經濟漢奸”，這樣的爭議身份，給高可寧的一生畫上更為傳奇的一筆。雁過留聲，高可寧不僅僅在歷史上留下了濃墨重彩，也留下不少具有考察價值的建築物業：德成按，現在作為典當業展示館，用來展示當時流行於港澳地區的典當業文化；富衡銀號，曾作為文化會館以宣傳澳門舊時文化；而位於澳門南灣和水坑尾的兩處大宅也成為澳門政府所保護的文物。這些建築留存了高可寧的歷史，也見證了抗戰時期高可寧擁有的“大慈善家”與“經濟漢奸”兩種互相矛盾的身份。

本書以高可寧為軸心，以其生平為脈絡，將其在澳門的風雲故事一一道來。

高可寧的富商之路

CONSULADO DE ... GAL EM CANTÃO

No. 113

Eu, A...

CONSUL DA REPU... UEZA EM CANTÃO

&c. ... &c.

SIGNAES CARACTERISTICOS

Idade 36

Estado casado

Estatura

Cabellos pretos

Olhos castanhos

Nariz regular

Bocca regular

Rosto comprido

Barba

Côr amarella

SIGNAES PARTICULARES

... es que este Passaporte virem, que d'esta cidade ... viagem para interior de ...

... Kou-Ho-Heng

estado casado

profissão negociante levando em sua companhia

Rogo portanto a todas as Auctoridades, a quem este Passaporte for apresentado, não ponham impedimento algum ao portador antes lhe prestem todo o auxilio e favor de que elle possa necessitar para seguir a sua viagem.

Consulado de Portugal em Cantão, aos 5 de Novembro de 1915

O Consul,

Assignatura do Portador

Pagou ... reis, segundo o No. ... da tabella competente.

Esta importancia fica lançada no livro da receita sob o No. ...

Consulado de Portugal em Cantão, em ... de ... de 19...

高可寧郎高富順

1878 年（清光緒四年），高茂生、孔如珍夫妻倆在廣東番禺縣沙灣司官涌鄉（現在屬於廣州市番禺區石碁鎮官涌村）育有子女七人，其中一子起名可寧，取字富順，寓意一生富貴順利。但這個家庭不太尋常，父親高茂生身患風痹症，導致左手殘疾無法工作，沒有工作就意味著無法帶來穩定收入，還得攢錢治病，這讓高家清貧如洗。隨著病情惡化，難以治療，高父意外撒手人寰，母親孔如珍便獨自撫養富順長大，她在青紫門巷口（今官涌村汾陽上六巷）擺攤，以販賣涼粉、鹹糕、花生小吃維持生計。養到六七歲，富順該去讀書了，母親就帶他到鄉裡的私塾唸書。上了幾天學，家裡卻遲遲拿不出每年兩元的學費，讀書之路只好作罷。輟學後，年幼的富順和母親一起，通過行乞、打鼓賣唱、扛抬儀仗等體力活以求餬口，過著有上頓沒下頓的日子。這些體力活顯然滿足不了正常的生活開銷，從十二歲起富順就去外面做一些零工，轉賣生果魚蝦等，賺點小錢幫襯母親和貼補家用。

就這樣小打小鬧過了四年，仍舊不安於現狀的

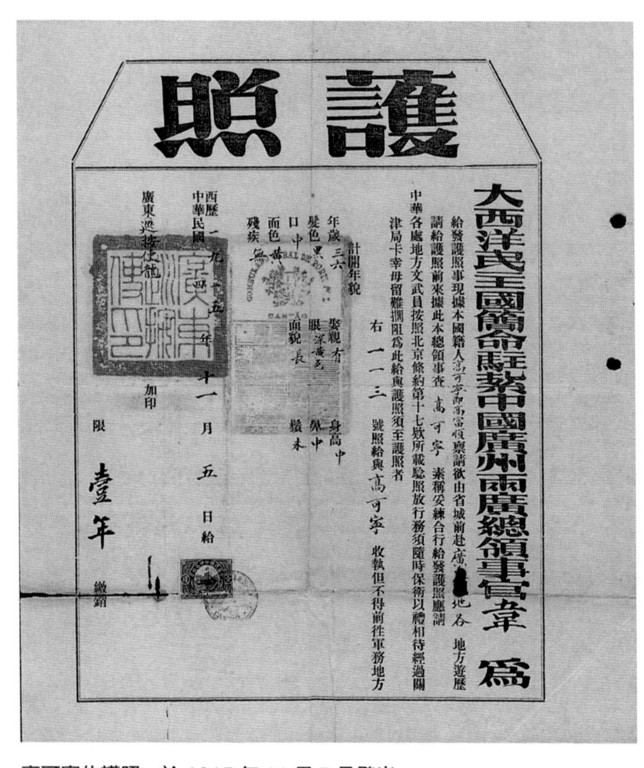

護照

大西洋民主國簡命駐紮中國廣州兩廣總領事官韋　爲

給發護照事現據本國籍人高可寧即高富收稟請欲由省城前赴廣■地各　地方遊歷

請給護照前來據此本總領事查　高可寧　素稱妥練合行給發護照應請

中華各處地方文武員按照北京條約第十七欵所載驗照放行務須隨時保衛以禮相待經過關

津局卡幸毋留難攔阻爲此給與護照須至護照者

右　一一三　號照給與高可寧　收執但不得前往軍務地方

計開年貌

年歲　三六　娶親　有　身高　中

髮色　黑　眼　深黃色　鼻　中

口　中　面貌　長　鬚　未

面色　黃

殘疾　無

西歷　一九一五　年

中華民國　四　年　十一　月　五　日給

廣東巡按使部　加印

限　壹年　繳銷

高可寧的護照，於 1915 年 11 月 5 日發出他隻身前往香港當傭工、從事商品買賣等營生，由此開始混跡於廣東省、香港、澳門三地的生活。可是打工賺錢太慢也不自由，經商又太累。在一次經商往返澳門途中，他不經意間意識到：博彩本小利大，恰好這段時間廣東禁賭，只有澳門這一個小城允許開辦賭業，再加上附近居民對娛樂業有濃厚的興趣，在澳門經營賭博業一定大有可為，這是一個相當寶貴的商機，足以從中狠賺一筆。於是高可寧立即決定將澳門規劃為他創業以圖富強的起點。根據《工商日報》（1955 年 4 月 13 日版）一篇報道所言，他"創業"時口袋裡僅有四十八枚銅錢。但憑藉頭腦和運氣，高可寧最終擺脱貧窮，成為一方巨富豪紳。

時間來到 1911 年，當時的澳葡政府對"番攤"、"山票"及"白鴿票"等賭博業經營權進行招標。已經三十三歲的高可寧按著規劃走出了第一步——承投番攤館的經營權。新手入行，通常都會被幸運照顧，他也不例外，第一次承投即在眾多競爭對手中脱穎而出，中標經營期一年。得到許可，他就在"福隆新街萬香酒店右隣”選址，設立名為“德成”的番攤館。恰因廣東禁賭分流了賭客，賭客們紛紛湧向澳門，為澳門賭業蓬勃興旺添柴加薪。有了客流基礎，再加上他頗善經營，“德成”番攤館生意日漸興隆，從中獲利不少。據其子高福耀在《高可寧先生言行錄》中寫道：“一年經營期滿後，父親再次投得番攤經營權，設名‘榮生’”。博彩創業計劃開局喜人，順利賺取第一桶金，嚐到“賭”的甜頭後，他準備大展拳腳，在“毒”上大幹一場。1913 年 8 月 1 日，高可寧拉攏龐偉庭、梅煒唐、黎潤生、梁裕簡、黃孔山、周仲朋、梁子光、莫晴光和黃耀初一幫朋友組成“十友堂”，成立“有成”公司參與澳門鴉片生意招標，該生意為期五年，每年底價 46 萬元。即，期限內不管盈虧，都需要向澳葡政府上繳 46 萬元。投標場上你來我往，各家公司代表向政府遞交自認為穩操勝券的標書，最終“有成”公司以高於底價約 60 萬元的價格，投中從 1913 年到 1918 年的鴉片煙專營權。中標後，“有成”公司立即籌集西紙 60 萬元，作為開展初期經營活動的資本。其中，高可寧出資 2.11 萬元，正式踏入鴉片煙行業。在那個年代，鴉片煙可謂十分暴利，五年專營期滿，“有成”公司共盈利 1027.9 萬元，高可寧按出資比例分到 27.05 萬元。五年十倍的投資收益比，不僅給他帶來不菲的收入，更令其有實力進一步擴展商業規模。

單是支起番攤館、買賣鴉片煙，並沒有讓他裹足不前。他又把賺到的錢投入到開辦銀號、舖票行，售賣糧食，經營交通等與民生相關的行業裡，開辦公司的步伐越來越頻繁：1917 年 2 月 1 日高可寧與林禮周、潘伯泉合股承辦“澳門大信票有限公司”，主理人為潘伯泉，股本 17 萬，為期五年，年餉 21.36 萬元。1917 年 12 月高可寧與黃孔山在新馬路開辦“德成按”，合股雙毫五萬元；又與黃孔山合股雙毫四萬元在新馬路開辦“福衡銀號”。同年，他在澳門快艇頭街經營“兆豐酒米舖”。據高福耀等高家後人回憶稱，由高可寧參股或控股的公司越開越多。1918 年高可寧發起承辦“澳門集益娛樂公司”，籌集股本西紙 39 萬元，其中高氏個人股本佔 12.2 萬元。1918 年 4 月 17 日開辦“昇昌輪船”，經營往來

PASSAPORTE

3

CONSULADO DE PORTUGAL EM CANTÃO

No. 113

Eu, E. C. Willon

CONSUL DA REPUBLICA PORTUGUEZA EM CANTÃO

&c. &c. &c.

SIGNAES CARACTERISTICOS

Idade 26 annos
Estado casado
Estatura
Cabellos pretos
Olhos castanhos
Nariz regular
Bocca regular
Rosto comprido
Barba [illegible]
Cor amarella

SIGNAES PARTICULARES

—

Faço saber aos que este Passaporte virem, que d'esta cidade de Cantão segue viagem para interior de Kwang-Tung o subdito Portuguez Kou-Ho-Neng estado casado profissão negociante levando em sua companhia

Rogo portanto a todas as Auctoridades, a quem este Passaporte for apresentado, não ponham impedimento algum ao portador antes lhe prestem todo o auxilio e favor de que elle possa necessitar para seguir a sua viagem.

Consulado de Portugal em Cantão, aos 5 de Novembro de 1915

E. C. Willon O Consul.

Assignatura do Portador

高可寧郎高富順

Pagou ___ réis, segundo o No. ___ da Tabella competente.

Esta importancia fica lançada no livro da receita sob o No. ___

Consulado de Portugal em Cantão, em ___ de ___ de 19___

1915 年 11 月 5 日高可寧的護照（葡文）

省港澳的水路交通生意。1920 年 4 月 12 日高可寧與黃孔山、潘伯泉合股承辦“富源山票白鴿票公司”。1922 年 10 月 15 日他與潘伯泉、蔡文軒開辦“澳門福海鹽務公司”，籌集股本西紙 12 萬元。1925 年 8 月 4 日，高可寧又和夥伴李際唐以“集福公司”的名義承充澳門番攤生意，為期三年，經營權從 1926 年 2 月 1 日起至 1929 年 1 月 31 日為止。

至此，高可寧建立了以信票作為吸納資金，銀舖作為經濟周轉，當舖作為銀口生息，米舖作為家庭日用所需的商業版圖，幾乎涵蓋了澳門方方面面。

站穩腳跟之後，那些行業給高可寧提供了穩定的現金流。正如滾雪球那樣，自然是要瞄準更高的利益。他又把目光轉回博彩業。只不過和之前擺攤設局不太一樣，這次是大張旗鼓、創新發展，打造“酒店與賭博”的新模式。

1932 年 11 月，高可寧與傅老榕合夥收購總統酒店並改名為“中央酒店”，高可寧僅出資入股，當了一回“甩手掌櫃”，整體經營由傅老榕全權負責。高傅倆人覺得只有六層的樓不夠氣派，就找來建築公司設計在當時屬於難度相當大的一項建築工程——修建樓上樓，即在原先六層的基礎上再加建五層，並在其內部開設娛樂場、歌舞廳等娛樂設施，以作為博彩專營公司"泰興"的旗艦賭場。後來，根據《澳門憲報》（1937 年 1 月 13 日版）一報道記載：澳葡政府打算在當年的 2 月 16 日出投並招人承充澳門的賭博生意。消息一出，各個娛樂公司及負責人摩拳擦掌、躍躍欲試，紛紛參與投標。在激烈的競爭中，最後由"泰興"娛樂總公司以每年向澳葡政府繳納一百八十萬葡幣的賭稅而投得賭博生意專營權，拿到許可後，該公司分別在"中央酒店"、福隆新街和十月初五街新開辦了三家賭場。

高可寧在澳門專營博彩業有二十餘年之久，澳門的市場趨近飽和。為了突破澳門市場存量、提升邊際效應擴大增量，有必要從澳門以外的地方引入客流和資金。

如何拓展客戶、吸引資金？他認為首先要在交通上做文章，使得外地遊客能更方便、快捷、舒適地來到澳門。因此，他加強了對粵港澳地區的輪船客運業的投資，買船、買碼頭或者直接開辦船務公司，並逐一改良優化，讓旅客有更舒適的出行體驗。原本這只是吸引賭客並響應澳葡政府改善交通號召的手段，卻意外地解決了困擾省港澳之間的交通之苦，更促使高可寧成為省港澳地區的航運巨頭，關於他在航運業的故事，將在第二章中著墨敍述，此處不再贅述。

高可寧在商業上取得赫赫成績，有了“利”就該追求“名”了。這麼多年混跡於省港澳，尤其在作為商業主戰場的澳門，他獲得了不少職務職位：曾擔任澳門中華總商會主席，歷任鏡湖醫院值理、同善堂副主席，以及回鄉會、澳僑賑饑會、公進會粥場等慈善組織的名譽委員、董事、名譽顧問、委員等職務。可謂名利雙收，是當時澳門華人的領袖。

儘管生活窘迫，親身體會過貧困的滋味，如今在“金、食、住、行、賭、毒”行業中發跡，掙到了鉅量財富後，高可寧的雙眼和良心並未因此被蒙蔽。基本上，他在商業中賺到的錢，都會拿出一部分，用於鄉間救苦濟貧、開辦學校。例如：在 1926

年，他回鄉捐錢創辦“德成義學”（現官涌小學，即茂生紀念學校的前身），從而讓家鄉的孩子不再需要經歷他以前那般因為拿不出學費而悻悻輟學、無書可讀的日子。他還向鏡湖醫院、同善堂、紅十字會等機構捐助鉅款，以幫助更多需要幫助的人。抗戰時期，在澳門被日本人嚴格管控、全線封鎖的情況下，高可寧仍在想方設法、自掏腰包地救濟逃難來澳的同胞。為表彰其對澳門社會的貢獻，1951 年 9 月 15 日，澳葡政府授予他葡萄牙紅十字會紅十字紀念勳章。在授章致辭中，高可寧向各界人士表達感謝，並承諾繼續承擔這份責任與義務，親歷親為做好慈善救濟回饋社會。次年 6 月 27 日，葡萄牙海外部長羅瑟文前往澳門，再為高可寧頒授爵紳勳章一枚。

好人多磨難。高可寧晚年時被醫生診斷出患有嚴重癌症，多個器官受到癌症的影響，再加上年事已高，治癒的可能性不大。在澳門休養時，醫生勸說高氏家人別讓他遭罪了。聽罷，家人遂將高可寧遷回位於香港山頂馬己仙峽道 515 號住所內，一起度過最後的時光。據《工商日報》（1955 年 4 月 13 日版）報道，1955 年 4 月 13 日早八時，高可寧因癌症在香港私宅裡病逝，享年七十七歲，後安葬於香港鴨脷洲，遺產約逾港幣一億元。

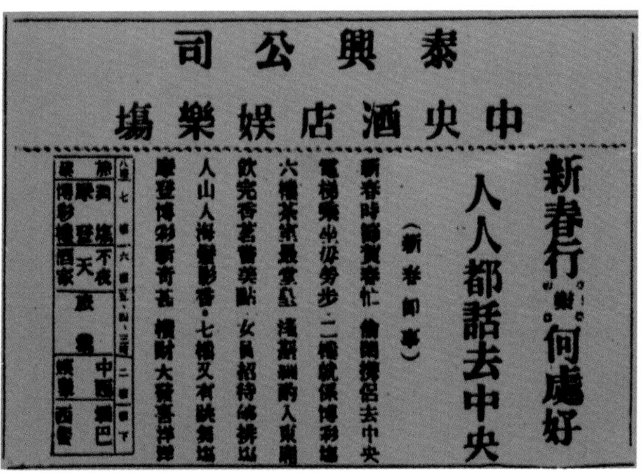

新春行樂去中央酒店（廣告）

成為澳門航運巨擘

在介紹高可寧如何成為航運巨擘之前，有必要先瞭解下澳門航運業的背景情況。

澳門位於中國南端，珠江口入海口西岸，與香港島隔海相望，背後以香山（今中山、珠海）為腹地，最早於約 16 世紀就有外國人乘船往來。得益於這樣獨特的地理位置和歷史條件，澳門是中國對外開放的窗口之一，許多那時候新潮的新技術通過澳門傳向中國內地，近現代船運業也不例外。葉顯恩和周兆晴曾在《廣東航運業的近代化》中寫道："1830 年 4 月 19 日，從印度加爾各答駛來一艘滿載鴉片的輪船，名為'福士號（Forbes）'，此船以蒸汽為動力，船身以鐵殼為覆，重量一百六十一噸。以往中國人接觸的船，多以風力、人力為主，順風而行，當第一次見到頂風破浪而來的福士號時，眼裡無不充滿詫異與驚奇"。

那時候還沒有完善的交通基礎設施，在華經商的洋行商人深受上省下澳不便之苦。嗅到商機，怡和洋行便購買了一艘名為"渣甸號（Jardine）"的輪船，作為來往澳門、伶仃和廣州黃埔的客運船。趙利峰評價這是中國第一條近現代意義的輪船客運航線。可惜好景不長，廣東地方政府懷疑怡和洋行使用輪船載客運客是另有企圖，於是出台禁令，禁止此船在廣東航行。而且“渣甸號”還在一次航行途中遭到虎門兩岸炮台炮擊，不得不退回伶仃洋，最終被迫開往新加坡，中國第一條近現代意義的輪船客運航線就此停擺。

當英國以販賣鴉片為藉口發動侵華戰爭後，外資開辦的輪船公司在粵港澳地區便大力發展起來，壟斷了該地區的輪船航運業。

據《廣州近代經濟史》記錄：1865 年，英國和葡萄牙人合資開辦“省港澳輪船公司”，總部位於香港，分店則在廣州開辦。這家公司擁有三艘輪船，分別是 3,174 噸級“泰山號”、2,533 噸級“金山號”以及 1,816 噸級“瑞泰號”；開闢了四條航線，主要營運廣州、香港、澳門、梧州等地的航運業務。1870 年，倫敦中國航業公司在香港設立辦事處，擁有七十九艘輪船（共 156,792 噸），先後開闢定期航線二十條。1896 年，英國人創辦的印度中國航業公司在廣州設立“怡和輪船公司廣州分公司”，該公司

鏡湖醫院“游藝籌款大會”主禮嘉賓（1950 年），前排右一即是高可寧

在華擁有四十艘輪船（共 99,414 噸）和十六條航線。後來，如火如荼的洋務運動為省港澳近代航運業帶來屬於華人的輪船航運，以“江平號”、“江通號”等輪船來往省澳之間。澳門還出現由華商經營的不超過一百噸級的小蒸汽輪船來往於廣州、香港及澳門周邊地區。步入民國時期，澳門輪船航運業才從以外資公司為主導地位轉變為以在澳華商經營為主體，但在連接廣州、香港及澳門三地的主要航線上，華商與外資的競爭十分激烈，直接導致澳門本地出現沒有由華商經營輪船公司的窘境。

然而情勢出現了轉機——第一次世界大戰爆發了。英國與法國陷入戰爭而無暇顧及粵港澳地區，這為華商在輪船航運業大施拳腳創造了一個絕佳時機。

上一章說到，在獲得鉅量財富之後，高可寧為了滿足博彩業發展需要，提升賭客體驗和運輸鴉片，從 1918 年起，他開始涉足粵港澳的輪船航運業。

據高福耀等後人回憶：1918 年 4 月 17 日，其父高可寧創辦“昇昌輪船”，並在廣州開辦“合成碼頭”，經營來往省澳的船運業務。一開始，“昇昌輪船”懸掛著中國國旗，運營三年後被當時的廣東軍徵用，主要用於向高州、雷州各地運送軍隊和槍械，直到收復高州才船歸其主。其實，是因為在運送軍隊的過程中船隻受到損壞，部隊裡又沒有懂得修理輪船的人，無法繼續“免費”使用，廣東軍這才船歸原主。看到破損的船隻，高可寧連連歎息，將船隻修好後，決定改掛英國國旗以免再被強制徵用。1919 年 2 月廣東省米價高漲，高可寧就從每位“昇昌輪船”客人的船費中拿出銀幣一角，捐給當時為賑米災而成立的糧食救濟會，共度時艱。

1925 年，高可寧與胡禧堂等人合股創辦“同安輪船公司”。1930 年 8 月 28 日，高可寧分別以二十萬五千元和六萬元價格投中“播寶號”、“哈德安號”兩艘載重為 1,671 噸的法國輪船和位於廣州西堤的碼頭。等“播寶號”、“哈德安號”兩艘船到貨交付，高可寧即向廣州方便醫院連續捐款六天，以滿足醫院日常運營所需。這一事實可被《香港華字日報》（1931 年 2 月 21 日版）印證：“省港輪船播寶、哈德安兩號，現以廣州城西方便醫院辦理妥善，而院費不敷，自動報效六天，充作該院慈善經費，聞自元月初七日起實行”。

得益於投資運作、經營有方。到 1932 年，同安公司已經有“東安”、“西安”、“播寶”、“哈德安”、“昇昌”和“恆昌”六艘往來省港澳的輪船。從由華商經營的輪船公司的角度而言，其實力不容小覷。然而由於航運競爭激烈，“播寶”、“哈德安”不得不停航，僅以四艘輪船作經營之用。後來，合夥人胡禧堂與次子胡百祿在香港太古洋行華人船務處買辦室被離奇槍殺。得知此消息，高可寧痛心疾首。忍痛料理完胡家喪事，他便全權接手同安輪船公司的運作。一上任，高可寧隨即大刀闊斧裁員，規定船務工人必須繳納保證金。嚴苛的改革政策，令員工們深深感到被欺壓，於是紛紛舉行罷工，罷工潮整整持續三日，直到同安公司答應賠償海員工會七千元才消停下來。

1937 年底，高可寧和傅德蔭以“泰興公司”的名義承充澳門番攤後，打算縮短賭客來往港澳的航船時間並提升客人的乘船質量，於是僱用工人修理已停駛數年的“播寶”、“哈德安”輪船，重新整修並裝潢

內港（約 1875 年）

港澳客輪“德星號”停泊在內港 12 號碼頭（1950 年代）

輪船內部，以達到美觀華麗的觀感享受。再配上受過專業訓練的服務員為旅客提供無微不至的服務，加裝播音台播放唱片或電台。船隻內部煥然一新，而名頭也相應做調整，“播寶號”改名為“濠江號”，“哈德安號”改名為“交通號”，專門用來行駛港澳航線。新船不僅大幅提升了客人的乘船質量，還促使來澳門參與博彩的旅客增多。當時的澳門，正在大力發展博彩業，因此政府提出：凡承充番攤的公司必須配合澳門發展旅遊娛樂業的需求，為輪船提供津貼以開通港澳夜航航線。高可寧的舉動不僅順應了政府的要求，也進一步提升了他博彩業的收入。大量財富的積聚，進而使高可寧有能力推廣並投入慈善事業。

高可寧在粵港澳的航運業投資經營數十年，有領銜創設、有入股參與，逐漸從無到有、由弱變強。尤其是出力最多的“同安輪船有限公司”，該公司一度在高可寧的經營下成為可以與省港澳輪船公司並駕齊驅的一間華商輪船公司。無奈因戰爭爆發、輪船沉沒、碼頭失火等原因，最終導致曾在省港澳航運業風風火火的同安公司破產終結。

中華人民共和國剛成立不久，高可寧購入“德星輪船”運營港澳航線。根據載於《香港工商日報》（1950 年 4 月 28 日版）的一篇文章所寫：“這艘船載重 1,950 噸，可容納 1,500 人；設計有四間特別包廂、四間西餐廂房、六間唐餐廂房。船頭備有舞廳和酒吧；還安裝了無線電話等一系列在當時頗為新潮的東西”。前三天的客貨票收入，分別捐給了香港東華醫院、澳門鏡湖醫院、同善堂和廣州城西方便醫院。不難發現，高可寧經營輪船有一個特殊的習慣，每開辦一艘新船，便拿出一筆資金用於慈善。不僅承擔了社會責任，還起到為輪船打廣告、做宣傳的作用。

省港澳地區的航運業由 1865 年外國開辦輪船公司開始，至高可寧的同安輪船公司達到頂峰，後逐漸衰落。高可寧在二十餘年航運業的耕耘中，為港澳地區的航運發展留下深刻的印記。

下表對半個世紀以來的港澳船運發展歷程進行梳理：

近代港澳地區航運時間表

年份	歸屬	公司名稱	地點	航船	航線
1865	英國人和葡萄牙人	省港澳輪船公司	總部—香港 分店—廣州	泰山號（3,174 噸） 金山號（2,533 噸） 瑞泰號（1,816 噸）	四條（廣州、香港、澳門、梧州）航線
1870	倫敦中國航業公司	倫敦中國航業公司香港辦事處	香港	79 艘 （共 156,792 噸）	定期航線 20 條
1896	印度中國航業公司	怡和輪船公司廣州分公司	廣州	40 艘 （共 99,414 噸）	16 條航線
洋務運動	中國	—	—	江平號、江通號	省澳航線
—	華商經營	—	—	不超過 100 噸級	廣州、香港及澳門周邊地區航線
1918	高可寧	合成碼頭	廣州	昇昌輪船	省澳航線
1925	高可寧與胡禧堂等人	同安輪船公司	廣州	播寶號（1,671 噸） 哈德安（1,671 噸）	省港澳航線
1932				東安號 西安號 昇昌號 恆昌號	
1950	高可寧	大業有限公司	—	德星號	港澳航線

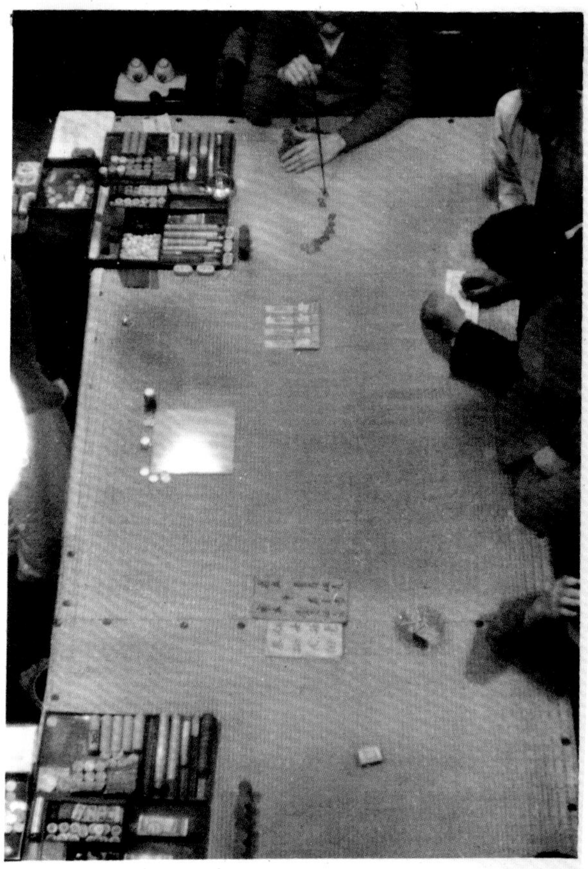

番攤

抗戰時期熱衷公益慈善事業

抗戰時期，澳門僥幸未被日軍佔領，成為為數不多沒有受到戰火波及的地區之一。但澳門當地的百姓卻遭受了不亞於其他敵佔區的傷害。日軍封鎖了澳門與內地相連接的道路，切斷了與內地的經濟往來，再加上抗戰初期大量難民湧向澳門避難，一度導致資源緊缺，民不聊生。糧食短缺是最致命的，每天都有數以百計的人因沒有食物吃而餓死。哀民生之多艱，當地的富商們見此慘狀，紛紛向民眾施米派粥，聯合澳葡政府為無辜受難的百姓解決燃眉之急。

高可寧亦不例外，在艱難時期多次參與慈善活動。他身體力行，除了捐款、捐資和勸捐外，多次親往施粥場、難民營等參與、指導救濟工作，同時他還經常參加一些慈善籌款活動以及社團慈善活動，如同善堂、救災會、鏡湖醫院等團體主辦的活動，想方設法拯救蒼生於水火。他在抗戰時期不僅對華人團體捐資救濟，亦積極對葡人及其團體捐物援助。他長期擔任澳門華人慈善團體、鏡湖醫院和同善堂的重要職務，世人尊稱他為大慈善家。

1938 年 2 月 15 日，澳門第一家救國組織，也是

鏡湖醫院慈善會第二屆代表大會合照（1948 年），前排左二即是高可寧

澳門規模最大的救災組織“澳門各界救災會”成立，高可寧出任主席。同年 6 月 28 日，高可寧向廣東省政府、港澳各救災群體和貧民捐出鉅款。本書收集並歸納了《華僑報》上曾記載的關於抗戰時期，有高可寧參與的慈善活動和捐款（見附錄），力證高氏在抗戰期間樂善好施、樂於助人的品格與精神。不難發現，這樣具有家國情懷的豪紳形象與其在戰後被國民政府指控與日本間諜往來及與日本人利益輸送等經濟漢奸的罪名大相徑庭。

根據整理的記錄，高可寧在抗戰時期不遺餘力地救濟澳門市民，僅《華僑報》一份報紙就記錄了他參與慈善或捐資救濟的次數超過四百次。可以說，在 1937 年盧溝橋事變到 1945 年日軍投降的這段日子裡，高可寧平均每隔七天就參與一次慈善，在澳門風潮時期貢獻出了自己的力量。其中值得一提的是，在 1942 年 12 月 20 日慶祝高可寧榮獲勳章大會及 1943 年 11 月 9 日鏡湖醫院籌款大會中，他分別捐出大洋十萬和國幣十萬。此外，抗戰期間他也不間斷地捐助澳門難民。抗戰初期，發行國債、向澳門社會捐款；

同善堂歷史檔案陳列館序言

同善堂藥局

抗戰中期，資助回鄉潮、捐米捐資施粥、補助難民營等；抗戰後期，舉行多次義演活動籌款，其中都有高可寧的身影。

《華僑報》曾報道高可寧捐助五千元並與多位熱心人士共同籌集了逾 4.2 萬元興建“同善堂”，選址爐石堂（今庇山耶街）。高可寧在抗戰時積極參與同善堂的慈善捐款及救濟，抗戰期間他擔任同善堂值理，致力救濟澳門市民。同時，他也是同善堂藥局的“總監督”，1941 年高可寧發起創辦“同善堂藥局”，他捐出了位於同善堂對面的物業，吸引各界齊來捐款以表支持，共籌集五萬元。資金到位、場所到位，同善堂藥局正式掛牌成立。該局設立初衷一是方便患者取藥，二是把盈利用作同善堂的活動經費。戰後，1948 年開始，高可寧成為同善堂的永遠值理。為表彰高可寧在澳門慈善方面的貢獻，同善堂特製作雕像，樹立於堂內。

戰後，高可寧亦沒有放慢熱心公益慈善的腳步，他仍然積極參加同善堂等慈善社團的活動。在一次對同善堂的捐款中還發生了一小插曲，1954 年《工

現同善堂歷史檔案陳列館

商晚報》有一篇題為《高可寧捐助澳門同善堂》的文章，記載了高可寧寫給同善堂的書信，文中是這樣描述的：何賢和梁昌兩人誤把高可寧新居落成的禮品當作是同善堂的捐款，折價葡幣四千元，撥給同善堂作為施粥濟貧之用。高可寧知道後，坦然認捐二千元繼續支持同善堂施粥。由此可見高可寧雖身在香港，但仍心繫澳門，對澳門的一舉一動尤為關切，不改抗戰以來對慈善的熱衷。

《澳門編年史》一書也有類似的記載。書中描述高可寧在澳門熱衷於慈善活動，還用了“捐贈甚鉅”來形容。在馮翠的《抗戰時期澳門華商的慈善活動》一文中也用“高氏施賑不斷”、“高氏對各項慈善活動傾力而為”來評價高可寧在戰時的善舉。後來，考慮到戰時高可寧對澳門的救濟和在澳門的慈善行為，葡人授予其紅十字勳章（1951）及爵紳勳章（1952），以示範表彰和嘉獎。高可寧過世後，澳葡政府把位於主教山的一條街道命名為“高可寧紳士街”，以紀念高可寧為澳門社會作出的貢獻。

2012 年，同善堂的許世元主席暨眾值理為表彰歷來同善堂慈善家，在同善堂歷史檔案陳列館的序言中寫到：“一百二十年來，同善堂同仁秉承宗旨，以高可寧、崔諾枝、崔德祺等賢達的精神為典範，承傳創新不斷，務實耕耘不輟，求索同心濟世真諦，延續澳人同舟共濟精神，弘揚中華慈善守望相助傳統，服務逐步拓展完善”。

同善堂中學

同善堂小學

經濟漢奸？

人紅是非多，戰爭後期變故襲來，彼時的國民政府認為高可寧是叛國的“經濟漢奸”、“逆犯”。之所以產生這樣的爭議，是因為國民政府懷疑高氏在抗日戰爭時期，與日本人合作進行一系列商業活動並涉嫌向日本人提供利益。

1943 年 12 月，國民政府向外發佈通緝令，要逮捕高可寧。1944 年 1 月更用“逆犯”一詞來形容高可寧。在戰後國民政府展開的全面肅奸行動中，高可寧被認為是“經濟漢奸”，要求澳葡政府引渡高氏回大陸，交由國民政府處置。但是澳葡政府對此表現強硬，拒絕了這一引渡的要求，其認為國民政府對高可寧的指控沒有根據，並表示願意蒐集高可寧的證據以證明他的清白。

抗戰時期，葡萄牙政府雖然處於“中立”狀態，但是其為日本的軍事行動提供了不少的便利，例如在 1939 年，命令澳葡政府定下 9：277 號札諭，對澳門的私立學校進行嚴格管理。同年 9 月 30 日，此訓令經《澳門政府憲報》刊登生效。之所以嚴管私校，是因為抗戰時期大量的內地和香港華人前往澳門避難，

同善堂高可寧像

其中不少內地和香港的學校也遷往澳門，這些學校藏有反日組織，葡萄牙政府為了向日本人示好，這才決議令澳葡政府做出如此規定。又如《中山日報》（1941年11月5日版）以《倭要求葡萄牙聯合統治澳門圖自東西兩面側擊香港》為題稱：

中央社倫敦四日國際電：每日快報香港訊，日本要求葡萄牙，聯合統治香港以西之澳門，並調軍隊赴桂泰緬邊境，窺其野心，當為由東西兩面側擊香港，日方所提條件內容機密，但香港高級官吏稱，日本與葡萄牙殖民政府之照會措辭，遠較通常外交文件為強硬云。

據《澳門編年史》中的統計，日本在華南地區設立的走私公司有四十七家之多，其中十餘家位於澳門。包括：

1. 聯昌公司，設於澳門南灣，主持者有山口少佐、布英沙、羅保、高可寧、陶儉。時任澳門警察局局長布沙英、時任澳門經濟局局長羅保、高可寧亦牽涉其中；

2. 廣福昌號，設於新馬路口 749 號 2 樓；

3. 漢卿洋行，設於博士巷 4 號；

4. 永隆米舖，設於河邊新街 33 號；

5. 互商公司，設於桔根街 112 號 2 樓，主持者杜康；

6. 江安公司，設於大群酒店 402 號，主持者黃雲甫、陳子炎；

7. 啟泰商號，設於永樂街 111 號；

8. 內河公司，隸屬日本海軍部，由日本人富田中島經營；

9. 南興煙草公司，日本人和華人葉文山一同合資經營；

10. 新興洋行，主持者日商大間子、高可寧；

11. 大福輪船公司，由高可寧、鍾子光合資成立；

12 萬和公司，日本人與澳門商人張炳章合資經營；

13. 新亞公司，偽滿洲政府、日本軍人與澳門商人鮑德合作開設；

14. 泰平洋行，日本商人山本開設；

1941 年 1 月 1 日澳門督憲暨各長官蒞臨商會賀年留影紀念

15. 一昭華行，香港日本三井洋行澳門分行；

16. 岐澳公路運輸公司，石岐憲兵隊長三澤和華商陳華合組；

17. 太平洋行及南寶公司等。

當時，國民政府因為其中兩間公司是高可寧和日本人共同參與，就認為其涉嫌與日本人合作進行走私通敵，其他沒有高可寧參與的公司，則被國民政府認為在戰時向日本人提供經濟上的利益往來。由此得出高可寧在戰時與日本人有密切接觸嫌疑的結論，所以他在戰後被國民政府斷定是“經濟漢奸”。

（一）國民政府的肅奸工作

張發奎和陳勁凡領導了國民政府的肅奸工作。1945 年 9 月 10 日，國民黨軍委會在廣州成立，陳勁凡為肅奸專員。張發奎所領導的第二方面軍肅奸處則主理澳門肅奸事務。由於澳葡政府拒認高可寧有罪，不配合國民政府引渡工作，使漢奸引渡事宜進展極為緩慢。最終，透過談判，中葡雙方在引渡漢奸問題方面達成了協議，據 1946 年《中山日報》記載：

省肅奸委員會消息，引渡潛匿港澳漢奸返省辦法，業經當局與港澳政府妥為商定，日來已陸續逮捕兩地漢奸返省。惟查關於引渡漢奸手續，大致先由肅奸會人員偵查潛匿港澳罪行住址，須詳查其姓名、住址、犯罪行為，表列兩地政府審查，確認准予逮捕，往往須逾多日，始能執行，此種手續，當局感到未盡完善，誠恐有不肖人員，與漢奸聲息相通，事先洩漏消息，則此緝彼竄，殊有影響肅奸工作，自當局決定再派員同港澳政府交涉，改善引渡辦法。

報道中聲明了中葡之間引渡的各種手續，如詳查嫌犯的住址和犯罪行為等。報道也稱中葡之間的引渡手續並不完善，中方生怕這種不完善的制度會使在澳門的漢奸脫離民國法律的制裁。1946 年 5 月 8 日，中葡之間引渡二十二名漢奸及三名戰爭罪犯回省，同月 25 日又引渡十一名漢奸來穗。葡方向肅奸委員會引渡了數十名在澳門的漢奸，但是對於高可寧的引渡，葡澳政府始終拒絕。國民政府向葡方提供的漢奸名冊中高可寧的名字赫然在列，不過葡澳政府方面堅持認為高可寧不可能有漢奸行為，認為高可寧在戰時無私地供給糧食與澳門的居民食用，並表示願意對高可寧的無罪進行搜證。據《中山日報》（1946 年 7 月 6 日版）報道，澳葡政府為了保護高可寧，不惜在其住宅附近加設軍事保護，為阻止國內媒體對高可寧不利的報道，亦不惜捉拿相關記者。

當時，廣州駐葡萄牙總領事莫嘉度曾在一份關於中日戰爭的報告中指出，澳門在戰爭的初期成為日本的間諜中心，同時又成為中國的反間諜中心。由此可見，戰時的間諜活動在澳門很活躍，也就不難解釋之前中葡之間引渡數十名漢奸和戰犯了。國民政府對高可寧的懷疑也並非空穴來風，面臨日軍封鎖還能進進出出，採買物資給難民施粥派糧，自然會被列為可疑對象。

國民政府捉拿高可寧的舉動甚至在香港的報章上也有報道。在《工商日報》（1946 年 6 月 7 日版）中是這樣記錄的：“廣州行營公佈通緝第二批漢奸名單一百名。在香港淪陷期內，這些人曾為敵偽惡意宣傳，詆毀我政府及英美盟邦……澳門所謂紳富付老榕、高可寧亦在通緝之列”。

之後中葡經歷多次的交涉，澳葡政府仍然不肯把“經濟漢奸”高可寧引渡回廣州。《中山日報》（1946年6月28日版）刊登了當時的有關情況：

葡人包庇保護下匿澳漢奸高逆可寧防範之嚴有如顯要

天下社澳門訊：華南經濟大漢奸，高逆可寧淪陷期間，代敵購買軍用物品，為虎作倀，無惡不作。光復後，潛逃澳門，託庇外人勢力之下，我肅奸當局知會澳門政府緝捕，卻為其拒絕，而且加派葡兵保護，儼如顯要。高逆住宅則設防六道，出入則三四輛汽車隨行保護，車上架機槍，如臨大敵。

從標題中“高逆可寧”可知，當時國民政府以及內地輿論對高可寧的態度和看法與葡澳政府和澳門居民完全相反。報道中也敍述了高可寧的住處守衛森嚴，在國民政府和內地輿論方面看來，這是高可寧的畏罪行為。當時，內地的報紙也在澳門銷售。所以，

鏡湖醫院慈善會等機構聯合歡迎何東爵紳大會合照留影（1949 年），前排左起第五位即是高可寧

內地的報紙連番刊載對高可寧及澳葡政府不利的消息後，澳葡政府決定凡刊登不利葡國或澳門政府消息的中文報紙，都不准在澳門售賣及發行。通過對言論進行控制，某種程度上也是間接保護高可寧在澳門的安全。

事實上，澳葡政府的言論限制早就有跡可循。1926 年，土生葡人徐薩斯（Montalto de Jesus）撰寫《歷史上的澳門》（*Historic Macao*），葡萄牙政府因不滿徐薩斯新增最後三章對澳門不利的言論，下令銷毀其全部的書本並控告徐薩斯違反了出版的法律。由此可見葡澳政府一向會通過管控，來限制對自己不利的言論，與禁止中文報紙出售發行如出一轍。

另外，在抗戰結束後，民眾對清理漢奸的情緒高漲，國民政府也樂意並積極把各地的漢奸戰犯抓捕歸案，這也導致了內地輿論一邊倒的局勢。

（二）不白之名得以平反

被戴上“漢奸”的帽子，高可寧自然不服。他撰文發表《高可寧不服裁定具狀抗告書》，向社會及政府提出抗告，堅持認為自己是無辜的。《抗告書》中解釋因日本人封鎖澳門導致糧食、物資短缺的實際情況，而他在抗日風潮時期，把大量的糧食運往澳門並供應給居民和難民，所以他認為國民政府對他的控告完全沒有理據。同時，高可寧在抗戰時積極向慈善機構捐款，頻繁向民眾施粥賑災等的活動，可以看出其與國民政府所指控經濟漢奸的罪名有出入。澳門同善堂和澳門中華總商會聲援高氏抗告，均為其開具了無罪證明書，力證其在抗戰中對澳門市民的貢獻和清白之身。

澳門中華總商會在澳門華人中頗具影響力，其提供的無罪證明書一定程度上代表了大部分澳門華人的意願，加上澳葡政府也為高可寧辯護。香港《天光報》（1939 年 8 月 13 日）亦作證高可寧對祖國的貢獻，“愛護祖國、素具熱忱”，稱他是一位愛國商人，並無經濟叛國之想法。抗戰期間，澳門華人的種種救濟、賑災活動都是以善意的方式進行，不料卻被國民政府誤解為是"經濟漢奸"。最終，在 1949 年，經過廣東高等法院檢察處進行調查之後，確定高可寧為澳門"殷實"的商人，平時樂善好施；在抗日時期，他頻頻運輸糧食救濟澳門貧民；日本人勒令商會撤下中國國旗改掛日本國旗，他堅守國旗拒絕改掛等等。並在文中使用"執篆商會 拒懸敵偽旗幟"、"任職五年努力慈善救濟"、"年屆古稀 安肯以身試法"和"前任總督 來書可為佐證"四大論點，證明高可寧在抗戰時期的行為並非漢奸資敵。這一事實也被澳門《華僑報》報道，題為《殷商高可寧被誣案　粵高院查明下不起訴　澳中好友紛向高氏道賀　粵高院宣判書昨已寄到》(詳見附錄)。

文中進一步提及，在日佔時期，澳門社團及華人領袖高可寧，雖然撤下本國國旗，卻沒有改掛日本國旗，體現了其對祖國的尊崇與愛護。另一方面，由於中山縣淪陷，主要供澳糧食地丟失，澳門每日有二三百人因寒冷和飢餓而死亡。高可寧不懼危險，堅持救濟捐獻，從香港西貢運來糧食，還和澳葡政府以及澳門各華商合作，統籌糧食救濟澳門社會，為抗戰時期的救難賑災、救濟民眾出錢出力。抗戰勝利後，高氏協助及捐獻資金送十幾萬僑民返鄉。通過調查，高可寧並非大福公司的股東或職員，他從未在任何文件上簽名，高可寧與該公司沒有任何關繫。此外，戰時澳門白銀短缺，且均被澳葡政府收購，高可寧更不可能向日本提供白銀。加上澳門前代督衛伊拉，華人領袖馬萬祺、盧榮錫等均證明高可寧並未與日本人合作開辦公司，且他在抗戰時期積極救濟捐獻，故高可寧不可能為經濟漢奸。

所以，廣東高等法院對高可寧下達了不起訴處分書。

得知此事，高可寧立即寫下《高可寧函謝各僑團主持正義有力證明》用來向幫助他正名的社會各界表示感謝。

至此，高可寧被認為是“經濟漢奸”的事情在各方努力下告一段落，他在澳門的物業和生活也恢復正常。

1992 年 8 月 24 日，《澳門日報》撰文表示日本曾經未通過直接的軍事佔領，即可在政治、軍事和經濟上控制澳門，實在強大。面對澳門如此困境，高可寧仍不遺餘力地捐資行善，無私地救濟民眾，是當之無愧的大慈善家。

傳教士們屋頂繪畫各國的國旗，以避免日軍的轟炸。

現存的高可寧記憶

(一)高可寧大宅

前面幾章講述了高可寧一生的經歷，本章則主要介紹曾經默默見證歷史、如今依舊佇立的那些建築。

1916 年 10 月，高可寧從土生葡人哥利・哈索手中購入了一套位於澳門水坑尾街的大宅，原本只打算稍作裝潢和修葺後入住，聽信風水師遊説後，高可寧便委託香港建築公司重新設計與拆建，由香港建築師約翰・卡爾・克拉克（John Caer Clark）操刀了整棟樓的裝潢。這棟屋宅採用了中西合璧的形式設計，外面牆體採用西方的新古典主義風格，室內佈局和細節設計則採取中國傳統式設計。約百年的歷史可稱得上是歷史古跡；也可以從中欣賞到 19 世紀中國澳門的民居建築風格。

高可寧大宅是澳門民居建築中保存完好的一處，古色古香的豪華大宅坐立在這條澳門最繁忙的街道上，靜看風起雲湧。四周的大屋、街道和設施在這將近一百年裡世代更迭了好幾回，但這房子依然沉穩地保持形態至今。

澳門水坑尾街 165 號高可寧故居

澳門水坑尾街 165 號高可寧故居

高可寧大宅圖（約 1989 年）

現存的另一處屋宅位於南灣大馬路，整體風格與水坑尾街的房屋風格一致。大宅周圍環繞著高樓大廈與現代化設施，和諧而又獨特。

兩處大宅面向街道的一側是走廊，走廊側有立柱，稱之為涼廊。在那個年代，這種風格普遍出現在公共建築或者上流階級的住宅中。牆體上雕有花彩，起到裝飾、美觀的作用。

修建高可寧大宅共計耗費十萬零九千九百元，大屋一共三層，所用建築材料包括柚木、坤卜木等，都是高可寧不惜重金購得的上佳木材。根據《澳門編年史（第五卷）》記錄：高氏大屋的外形採用 20 年代港澳盛行的“羅馬式”風格，表面華貴典雅，內裡則是中式設計，裝飾木雕均出自名家之手，樓下大堂正中雕刻百壽圖，由一百個木雕燙真金粉的“壽”字構成，全屋置百多幅刻花玻璃，均在當時北京訂造，其上雕刻著的花草樹木、飛禽走獸、神話故事等圖案栩栩如生，活靈活現。

從 1996 年 7 月 22 日起，這些屋宅的業權歸屬於一家叫 Sociedade de Investimento Predial Heep Wo,

澳門南灣大馬路 679 號高可寧故居

澳門檔案館藏高可寧的大宅圖（約 1989 年）

南灣大馬路 679 號高可寧故居

澳門檔案館藏高可寧的大宅圖（約 1989 年）

德成按展品——票範雛形及書寫暗語對照冊

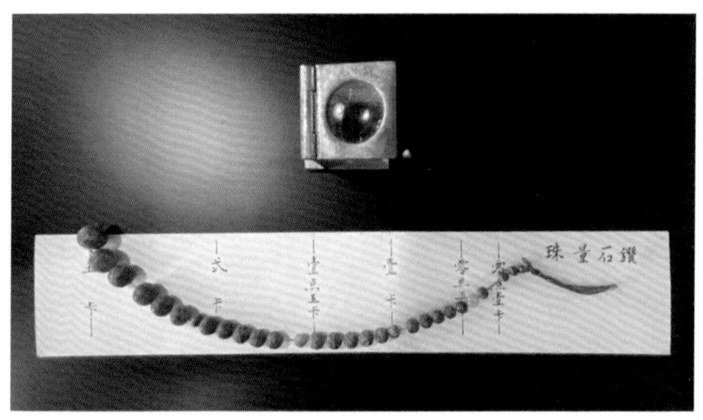

德成按展品——鑽石量珠

Limitada 的公司所有。如今，它們已被《澳門文物名錄》評為“具建築藝術價值之建築物”，受到政府相關部門的保護。

（二）典當行

根據史料記載，早在清朝，澳門就已經出現典當行。二十世紀三四十年代，是典當行業在澳門迅速發展的時期。由於抗日戰爭爆發，香港和內地許多民眾為了躲避戰火來到澳門。當時澳門物資供應短缺、物價奇高，不少人只能去當舖抵押物件以解燃眉之急。另一方面，雖然澳門沒有直接被戰火波及，但受制於全境封鎖，導致經濟不景氣，使得社會上“嫖、賭、毒”的風氣更盛。不少人經常出入當舖抵押物品換取現金以滿足慾望。

在鼎盛時期，典當業有三種類型，分為：“當”——經營資金及規模最大最雄厚，當期可長達三年，利息最低；“按”——經營資金次之，當期為

德成按

德成按貨樓

一或兩年，利息稍高；“押”——在三者中的經營資金最小，當期只有四個月至一年，利息則比前兩種高。雖然“押”的利息最高、周期最短，但抵押物品所得的金錢較多，因此成為賭徒或急需現款的人士經常光顧的地方。事實上，澳門的典當業與賭博業息息相關，當舖大量集中在繁華而接近賭場的地區。因為賭場均為二十四小時營業，所以不少押店招牌下面都配合賭場註明了“通宵營業”字樣。又因為過去賭客大都來自香港，因而有些資本充裕的當舖還設了“澳門押，香港取”的特別經營方式。提供此項服務的當舖，門側會寫上“港九取貨”的字眼。當時的典當業不僅僅是滿足賭徒的需要或百姓的一時急需，而且還具有類似於現代銀行保險箱的職能。有錢人家的貴重物品亦會放在這裡保管，當舖則根據物件自身的價值收取適當的費用。當舖並沒有設置接受典當的物件的門檻，無論是什麼東西，只要有幾分價值就可當幾分，並不像今天的抵押只收貴重值錢的物品。

德成按是港澳地區最大的典當店舖，始建於百年前的 1917 年，坐落在繁華的新馬路上，其由高可寧

德成按牌

與黃孔山合資三萬六千銀圓買下的爐石堂中段一幅地皮而修建，整樓糅合了中西方建築特色；在功能上劃分“當樓”、“貨樓”、“銀號”、“商店”四個區域，分別運行著四類功能。

當樓緊貼同善堂總部建築，取“德成同善，福澤攸由”之意。當舖的櫃檯高高在上，借款者需要舉起抵押品才能遞進窗口，因此接待員被稱為“朝奉”，也叫“二叔公”、“掌櫃”。在大門與櫃檯間有一木板稱為“遮羞板”，功效有二：一來防止路人看到有損客人顏面，二來防止歹人看到貴重物品起意作惡。櫃檯裡有“票台”和“折貨床”以進行交接手續。客人完成典當後，往往由開在旁邊的側門出去。正門進，偏門出，取走偏財運、發偏財之意。

貨樓高七層，最貴重的物件放在貨樓的最下層，不論是發生火災、水災、盜匪等，都方便第一時間搶救出來。而貨樓和當舖之間有一條長長的窄道，有著防火的作用。貨樓整體是中西合璧的碉樓設計風格，牆身極其厚實，窗戶極其窄小，內部機關重重，卻又井井有條，滿足防盜、防火、防水、通光、採光五大要求，是華南地區“殖民地風格”的典型建築。

按當時的規矩，斷當的貨物不能在當舖裡直接出售，必須在商舖銷售。所以商舖的最大效用就是出售這些斷當的貨物。

上世紀七十年代末至八十年代，澳門經濟開始快速發展，隨之而來的是銀行業的興起及新式押店的應運而生，舊式的典當業受到非常大的衝擊，許多舊式當舖相繼結業，行業龍頭的德成按也無法倖免，在1993年宣告結業。停止營業後一直空置了七年，業主有意將其出售，澳門政府得知此消息，趕忙與業主接洽，希望接手這座物業。最後，兩相商定由政府出資一百四十萬澳門元進行修葺翻新，修葺後的當樓底層和貨樓作為典當業展示館，將以往流行於港澳地區典當行業的用具一一展出，如當票、竹牌、望牌、章印等。當樓的其他層及相鄰的富衡銀號，則交由業主使用。富衡銀號曾在一段時間內開辦為包含“金庸圖書館”在內的文化會館，用來展覽流行於港澳地區的舊時文化。

2004年，德成按獲得“聯合國教科文組織亞太文

德成按內部

德成按貨樓內部

德成按貨樓內部貨架

德成按展品——竹標籤刨模

德成十足按

德成按司理人謹啟

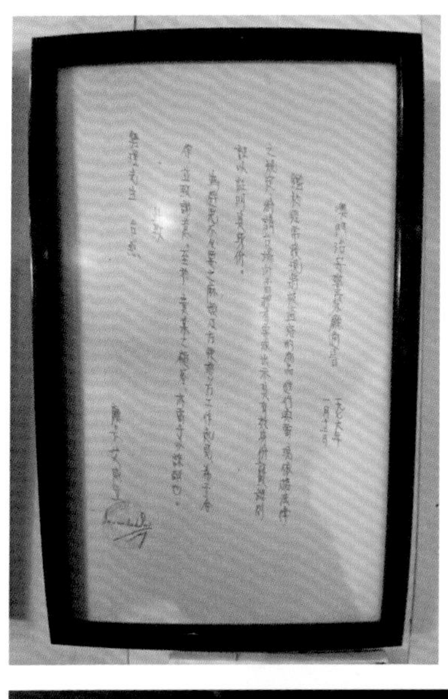

德成按澳門治安警察廳通告

德成按展品——澳門省城各號按押登記部

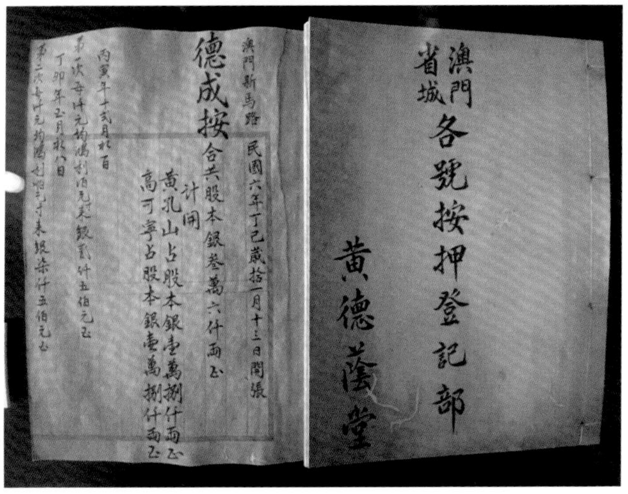

化遺產保護獎”。2010 年，德成按被“原封不動”地複製到上海世博會最佳城市實踐區，旨在宣傳澳門過去十年的歷史文物保育工作，宣傳澳門致力推動文化創意產業發展的情況。

受益於官、民、商三方合作發展的創新模式，這棟原本面臨拆除的老字號典當行，如今已成為獨具澳門特色的旅遊景點。

（三）高可寧紳士街

前面提到，為了紀念高可寧及其對澳門社會所做的貢獻，當時的澳葡政府把位於主教山附近的一條街道，命名為高可寧紳士街（Rua do Comendador Kou Hó Neng）。整街屬於風順堂區，東北至西南走向，自竹室正街與灰爐斜巷交界處起，於竹仔室斜巷、聖珊澤馬路、衣灣斜巷交匯處止，全長 228 米，寬 7 至 14 米。

如今，高可寧的故居依然屹立在水坑尾街和南灣

高可寧紳士街街牌

高可寧紳士街

高可寧紳士街葡國大使館

高可寧紳士街葡國大使館

街，並由後人看管，他曾經工作過的德成按亦成為一處博物館。這三個地方也是今天澳門的商業中心，紀念著一位澳門的富商和其在抗戰時期所做的貢獻。

結語

高可寧一生可謂歷經沉浮：早年貧困四處奔波，在求生邊緣搖搖欲墜；背井離鄉地去廣州、香港及澳門等地打工，身邊的繁華與家鄉的窮困之反差讓他不斷思索脫貧之法。事與願違，高可寧在香港處處碰壁，成長之路並不如想象中那般順暢。後來，在往返澳門經商的途中，高可寧發現允許開賭的澳門前景可期，隨即認定這是他開展成就人生計劃的重心。從承充澳門鴉片煙生意攢出第一桶金後，他夥同友人承充番攤；開辦銀號、按押店、米酒舖；經營白鴿票、舖票等營生，全面拓展商業版圖。

囊中資金漸漸充盈，而交通卻帶給高可寧很大的困擾。恰逢一戰爆發，英法等國家疲於戰爭，使粵港澳地區船運業的發展稍顯喘息之機。正如“富順”二字，高可寧也在航運業闖出一番成就，不僅緩解省港澳交通之難，更提升了旅客的出行遊玩體驗，當時的各式各樣“潮物”，如優質服務員。電台、長途電話等，均可在高氏輪船中看到。航運與博彩相得益彰，令高可寧的各項事業蒸蒸日上。

富不忘本、樂善好施，這是高可寧難能可貴的品質。富裕之後，他不忘幫襯鄉里窮苦人家，開辦學校讓更多的孩子可以讀書學習，捐贈醫院、救濟會救濟大眾等。澳門地小物稀，抗戰時期，在日軍全境封鎖澳門的情況下，高可寧並沒有獨自逃亡，而是積極承擔社會責任，賑災濟民，頻頻捐資救濟。

經商與慈善交織於高可寧的一生中，當年那位窮得叮噹響、四處苟活的打工仔一舉翻身成為一方富賈，應了其字"富順"的希冀，並為自己戴上了實業家和慈善家的帽子。

然而戰後，時任國民政府捕風捉影般將高可寧判為所謂的"經濟漢奸"，平白被添上污名。亦正因如此，他成為極具爭議的一個人物：在澳葡政府及港澳地區輿論中，他是心繫難民、憂國憂民的大慈善家；在國民政府及內地輿論中，他卻是溝通敵人的"賣國賊"。這樣矛盾的身份，他的故事更加耐人尋味。

所幸，在多方努力及其本人據理力爭下，以澳門《華僑報》一題為《殷商高可寧被誣案　粵高院查明下不起訴　澳中好友紛向高氏道賀　粵高院宣判書昨已寄到》的文章，通過四大論點證明了高可寧在抗戰

1939 年 12 月 30 日，崔諾枝、高可寧（左）兩公在銅像側留影

時期的行為並非漢奸賣國。這才使高可寧的不白之名得以平反，清白得以還身。

最後，本書的主人公高可寧，一生充滿傳奇色彩，在粵港澳地區留下深刻的記憶。發跡之後懷著一顆對國對民的仁慈博愛之心，增加的不僅僅有物業與財富，更有口碑、名望與品格。

附錄

附錄一：《同善堂高可寧像贊並序》

高可寧先生像贊並序

在昔，好善之士行其心之所安，日惟孳孳以赴，聲稱尚猶赧受矧屬酬庸然，而被其德者，謦祝之歌詠之、壽諸金石以紀念之。明知拂其意旨，而亦殷殷為之者，何哉毋亦以善不可忘，且亦藉茲風世耳若是則。

高可寧先生之高義宜炳著矣。先生粵之番禺人，誕生於沙灣司官涌鄉，天性肫摯，以仁存心。跡其初在粵垣，已懷抱義氣及經商至澳朱公居陶，擁積日厚。駱統濟眾、施予遂宏，於我同善堂始終不絕援手。本堂創於清季藍篳，開基力量緜薄，初行善舉至為微末。其時堂址在議事亭前，實為推輪時代洎乎民十地方，開闢馬路堂址為官家購去勉僦數椽鶯遷續辦。是年適逢先生任總理，遠矚高瞻，以為非有白傅大裘杜陵廣廈，不足以發揮宏願，遂提議迅築堂院，捐五仟金為之倡老成同事猶有難色，先生作而曰募捐不足願負全責，義聲一出傾動萬流，聞風而應者飈起。甫兩載而斯，堂告成迄今鳥革翬飛、重樓高矗，辦公之室左宜右有，駸駸乎椎輪而大輅矣。顧外觀雖壯，內蘊猶虛重門洞開。流水支出，凡贈醫施藥捨棺及補助產婦諸費，視前奚止十倍，來日方長、汲深綆短。可若何先生運其精思倣行，龐公義會之法事成而會友，額捐之佣金年達四千餘元，譬之孤軍窘迫，忽得生力軍之援助，快何如也。先生又謂貧兒失學，比疲癃殘疾，尤可憫爰於堂內設義學，經費與李際唐先生分擔，閱四載始，交本堂值理肩任，既而募養學基金，立捐千元；展築校舍，又捐千元。學校自無而有，此誰之力者。歲丁卯，先生因商務事留港。反旆之日，僑胞開大會歡迎，即席慨捐萬圓，歲息所入本堂，與先生共之同時捐助其他善院亦皆如此。歲己卯，又舉七千元之物產送損本堂，生息歲入亦與。先生共凡此，皆犖犖大者。若夫施衣、施藥、施棺、施柴米薑醋等物，零星題筆歲亦千金，綜計歷助本堂各款都二萬金有奇，非所謂義重邱山、財輕纖芥者耶。彰善闡義，同人有責，公議範銅為先生像，留誌念於本堂，先生再三辭謝。今夏復請，婉謝如初。同人謂無以昭示，來茲亦非，先生厚待本堂之意，乃承許可。像既成，泐其事於石，並為之贊詞曰：“禺山鬱鬱，官涌泱泱，靈秀鍾毓，誕生賢良。維彼賢良，衡茅崛起，槃槃大才，謙謙君子，積財能捨，惟善是尊。新我仁宇，濬我資源。蓮峯嵂矣，義聞尤高；鏡湖廣矣，善量尤豪。景仰英姿，萬流一體。絲繡平原，金寫范蠡，無得不報，民視達天，三槐五桂，請視前賢。

清賜進士及第頭品頂戴南書房行走翰林院編修朱汝珍拜書

同善堂高可寧像下碑並贊序

附錄二：《華僑報》（1949 年 1 月 22 日）

殷商高可寧被誣案 粵高院查明下不起訴 澳中好友紛向高氏道賀 粵高院宣判書昨已寄到

（本報專訪）本澳殷商高可寧被誣漢奸一案。經由廣東高等法院檢察處進行調查之後，疊由本澳華人代表盧榮錫等國民黨澳支部執行委員會，及中華總商會三大機關，翔實證明：高氏確為澳門殷實商人，樂善好施。當日敵侵粵，威脅澳門時，甘冒不美之名，運輸糧食接濟本澳人口，此種犧牲小我之精神，殊值令人欽佩，尤其是日敵勒令商會撤去我國國旗，改懸敵偽旗幟，而高以大無畏精神，拒絕所請，敵偽無如之何。粵高等法院檢察處，以高忠心耿耿，衛國愛民，人所共知，乃將該案下不起訴處分。高氏昨午，得接法院檢察處不起訴處分書。本澳高氏友好，莫不紛紛前往致賀，尤其是本澳法院院長麥甸士，以該案屬於法律範圍，今得以大白天下。麥氏與其夫人，昨日首先親往高府道賀。由中央酒店司理馮華殷勤招待，查廣東高等法院檢察處發出佈告，及送交高氏不起訴處分書如下：廣東高等法院檢察處佈告　檢紀辛字十五號查本處受理高可寧被告漢奸一案，經偵查終結，於一月十日下不起訴處分，特此佈告，民國三十八年一月十日。首席檢察官張鴻啟廣東高等法院檢察官不起訴處分書，三十八年度天字第一號。被告高可寧，男，年六十九歲，番禺人，住澳門南灣八十三號，業商，右開被告。民國三十六年度，偵字第五三四號漢奸一案，業經續行偵查終結，認為應不起訴，茲敍述理由於後。本案被告高可寧，據報，其在抗戰期間與澳門日敵間諜大間知林藏勾結，組織大福公司，運五金白銀資敵等情。曾經前國民政府軍事委員會委員長、廣州行營通緝，並經本處將其財產查封。呈由司法行政部呈報行政院核准，並轉呈奉國民政府通緝各在案，正辦理間，迭據該被告，具呈聲稱，被誣漢奸。請迅予查明昭雪，取銷通緝等情。前來，當經批飭投案訊明，再行核辦，惟該被告，迄未投案。迨三十七年七月間，准司法行政部，刑事司同年七月二日。京（三七）刑二字第六七號函。略以奉部長交下吳秘書長鐵城函。為證明高可寧為熱心慈善、老成愛國商人，並無通敵叛國行為，附盧榮錫等原呈並證件照片六種。囑查明辦理見覆，以憑轉呈等由，核閱盧榮錫原呈略稱，竊查高可寧，向在治澳經商，樂善好施、見義勇為，尤富愛國思想。當國父討伐陳逆之後，捐助軍餉，異常出力。國軍北伐、抗日戰爭，高亦莫不踴躍輸將。日敵侵入廣東，威脅澳門，高以其充任商會會長責任重，尤多忠義之舉。計其犖犖大者，約有數端。

執篆商會　拒懸敵偽旗幟

一、澳門商會拒懸敵偽旗幟。查日偽威脅澳門，勒令商會等，撤去我國國旗，改懸敵偽之旗幟。高深明大義，始終拒絕，誓不易旗。日敵無如之何。此足見高之忠於祖國。二、運濟澳門糧食。平時澳門人口不過九六萬，抗戰軍興、義民紛紛遷澳，乃增至四五十萬人，而為最重要糧食供給地之中山縣，復告淪陷。糧食益形缺乏，澳地居民因凍餒而死者日有二三百人，人心忍慌、達於極點。當時敵焰方熾，無敢出而辦理接濟事業者，澳督乃用反間之計，邀高出辦救濟工作，特請駐澳英領事要求重慶國民政府將高假列入黑名單，並予廣播，以堅敵人之信心。高甘冒危險，出而向西貢運糧來澳，辦理平糶，賴以存活者甚多。足見高捨己救人之精神。三、協助華僑復員。抗戰勝利，舉世同歡，高以抗戰成功之後，應即努力從事建國工作，乃出力協助華僑復員，以期社會秩序早日恢復，建國工作順利進行。計運送返里之義民不下十餘萬人，惟高功成不居，其志行之高潔，實非常人所及，詎有素與高挾嫌者控告其與敵人合資組織大福公司，運五金白銀資敵云，空言無據，顯見誣陷。且查一，高於抗戰時期，遣送兒女十餘人入柳州、衡陽、曲江、梧州、貴陽、重慶、昆明等赴內地謀生，且於各地，皆設有商店。高果有漢奸行為，豈肯不顧骨肉之害，而率爾遣送兒女於內地。此司證高之被誣者一也。二查高既非大福之股東與職員，又從未在該公司任何文件上簽名蓋章，是該公司所為之事與高實毫無關係，此足見高之被誣者二也。三當時白銀均為澳門所收購，高何從取得白銀以之供敵，此司證高被誣者三也，云云。當經分別函行外交部駐澳專員公著，澳門中華總商會及中國國民黨澳門支部執行委員會等機關調登，後旋准。

任職五年　努力慈善救濟

一外交部駐澳門專員公署電覆，略以所附照片八張，除內有一張係重複外，業經分別由各發給證明書機關證明各該照片原件無異云云，是該項證明書照片，自可認為真實無疑。澳門中華總商會查核略稱，查核被告高可寧，向在澳門經商，平日對於祖國捐輸及地方公益、慈善救濟等義舉，莫不出錢出力、踴躍輸將，中外人士均聞其名。我國抗戰軍興，百粵遭敵蹂躪，澳門因歸葡國統治，環境特殊。各方來此違難者固眾，日敵亦時思覬覦。澳葡當局為顧全華僑商業統籌糧食接濟，及維持中葡邦交起見，此時遴委該被告充任本會主席，以期支持全局，協助維持。計其任職五年以來，備嚐艱苦。對於華僑商業之維持、難民之救濟，已盡其最大之努力。至於應付敵偽之威脅，更為時感棘手、險象橫生。就中尤以拒懸日旗一舉為人所稱道。他如奉澳葡命誘准日敵運糧回澳，接濟民食，舉辦平糶及辦理一切救濟事業，遣送歸僑及勝利後協助華僑復員等。均彰彰在人耳目。故該被告此次被告漢奸，社會人士均表惶惑，為之代抱不平。蓋以其平日愛國濟眾行為，及過去任事成績，論謂為勾結日敵已難置信，況該被告又復年屆古稀，且擁有相當資產，縱屬至愚。

年屆古稀　安肯以身試法

當亦不敢以身試法。故僉認為顯係遭人誣構所致，是以每屆社團集會及我國駐澳黨政機關舉行之任何慶典，莫不柬邀被告參加，不以為嫌。從可知該被告倘敢有此不法行為，則誰肯邀與同流？此足證明司無疑義。因此，本澳華人代表盧榮錫乃與華僑三大團體，並呈層憲呼籲，請予查明，准將該被告通緝令撤銷，以免該被告無辜受屈。用明是非、而維正義，此純出於一般正當人士之公意，確屬實情云云。中國國民黨澳門支部執行委員會查覆略稱，當將原呈各點，分別向澳門政府及其他有資望之殷實商人調查。均據稱，該高可寧向在澳門居住，在省港各地均有商業經營。戰時任澳門中華商會長，其時敵人控制澳門，辦理救濟事業之團體人員，亦橫受敵人之干涉警告。該高可寧以時值艱危，同胞紛紛還澳、人口激增，糧食來源短絀、供不應求，乃苦心擘劃，毅然與澳門政府洽商，設法遂得假借名義，向外採運糧食。辦理平糶，存活頗眾。戰時違難來澳者對此種救濟工作類多耳熟能評。至與敵人合組大福公司一節，遍查亦無此事，實此或為該高可寧為澳門富商，以免為人勒詐對象，不惜砌詞搵造、入人以罪復查。該高可寧人已七十，平昔對於社會慈善公益，與祖國一切捐輸號召，無役不與、無事不首先創導。澳門僑胞對之觀感甚為良好，綜其歷年所作所為，是一富有熱誠慷慨義俠之人，目非見利忘義、出賣國家民族利益者可比。各等語，核與盧榮錫等聯呈證明，高可寧係熱心慈善、老成愛國商人，無漢奸罪嫌，情節正復相符，是則高可寧具呈辯稱，並無通敵叛國情事，自足置信。關於大間知林藏之供詞，絕無根據，並與事實絕對不符。

前任總督　來書可為佐證

靡特前澳門代督衛伊拉答覆我外交部駐澳門專員，及致書前國民政府主席廣州行轅張中任，一再說明司資佐證，且就其供詞之內容而論，亦備極模糊，難以採信。如云高可寧係大福公司經理，忽又謂高不出面而由馬萬祺代表出面。果高可寧係該公司經理，何不親自為之？而謂由無關係之人代表出面，伊誰能信？又如云泰豐公司代購五金供給與彼，忽又云泰豐公司高可寧有無股份我不明白等語。無論泰豐公司有無供給五金情事，但高可寧有無股份，既不明白，自亦不能積極證明高可寧有供給五金行為，無待煩言而喻（參考三十七年十二月廿七日中國國民黨澳門支部執行委員會公函、澳門中華總商會公函，及同年十二月三十一日外交部駐澳門專員公署代電）。況查永華號輪船，雖原為高可寧、黃梓山等物業，曾在葡政府註冊，係被澳門政府徵用，相與大間知林藏運輸糧食返澳之用。經此駐外交部澳門公署專員向澳門政府調查明白，並有證件可據，其與高可寧無關，尤可概見。又查吸收白銀，為澳門政府之政策。當時，澳門地區白銀概為澳門政府所收購，高可寧亦無從將白銀資敵之理。矧卷查前提請澳門日敵特務機關長澤榮作（該戰犯已正法）亦據供稱："高可寧與大間知林藏合資經營大福公司，未有所聞"，"高可寧確無與日人勾結情事" 等語，則被告之無漢奸行為益屬明瞭。總之，犯罪事實須有確切證據證明，始足加以認定，自不能以模糊影响之詞，人人以罪。本案續行偵查既不能發見有任何犯罪確據，反足證被告無罪，又有相當之反證，自應認該被告為犯罪嫌疑不足。爰依處理漢奸條例第一條刑事訴訟決第二百三十一條第十款之規定，特為不起訴之處分如右。中華民國三十八年一月十日檢察官蔡麗金，中華民國三十八年十月十七日送達。

附錄三《高可寧先生言行錄》：

葡國政府授勳頌詞

月吉辰良，孔教會孔教學校同人，恭逢高可寧先生，榮受葡國榮譽勳章。舉行盛典，先由澳門督憲戴斯樂將軍延先生及其夫人入節署，轉述褒語，親自授章，並致祝詞。典麗裔皇，仰見友邦重賢至意，於時觀禮戚友雲集一堂，莫不喜形於色，紛向先生致賀。問何修而得此？亦曰急公好義、樂善好施云爾。夫茲二者，澳門人士，亦有能之，何以先生獨邀宏獎？此則事實具在，可以舉言，為善最樂，有恆則難。先生當壯歲時，便於戚族鄉鄰，舉行贍孤恤寡、養老施醫，與及育才興學，至今三十餘載。同時在澳行此者亦數十載，本一貫之精神，行救人之事業，初終不懈，其心力之堅毅為何如也。世之為善者，出力未必出財，出財未必出力。先生則不獨出財，且又出力；不獨一己出力，且偕其夫人子女親自為之，以千金之軀，處寒風烈日中，雜傭保以勞作，甚至累月而不息，其志意之篤懇為如何也。為善籌款，自己樂捐，更向他人募捐，事所恆有，至欲他人樂捐，而對於他人向自己募捐，先捐鉅款以動之，則事屬罕聞。先生嘗赴廣州灣，順為本澳慈善機關籌款，即於廣州灣之善堂學校，先捐款數萬。而彼都人士，乃競相捐款為酬，然則廣州灣捐返之款，謂即先生自捐者可也。其籌劃之超脫為如何也。人情用款，方其得意，則慷慨揮金，稍不如前，則消沮退縮。溯省港滬淪陷以來，先生之財產物業，損失何可數計。他人處此，何暇亟亟救人，先生則處之淡然。仍日以扶危拯厄為事，且捐款之多，視前更鉅。其胸懷之曠達，不得謂非難及矣。人民困迫，難免鋌而走險，然此乃地方有司之憂，於一介商民無責。先生每逢時局嚴重，竊戚戚以治安為憂，苟能防患於未然。自願為群而效力，其計慮之深遠，又不得謂非難及矣。綜此數事觀之，先生之榮荷褒章，豈倖致乎。同人等夙親雅範，知之較詳。謹彙所聞，以質於先生。先生聞之，當亦為非阿所好也。爰為之頌曰：“山明禺嶺，水秀官涌。地靈人傑，誕生豪雄。環境艱難，壯心衝破。才德兼備，英聲遠播。積而能散，美媲陶朱。奉揚仁風，群頌九如。博施濟眾，事達葡廷。褒嘉備至，疊錫勳名。門第高華，桂槐光彩。行道有福，請觀渤海。”

附錄四：《工商日報》（1955 年 4 月 13 日）

港澳巨商高可寧　今晨在港寓逝世　因癌症不治
享年七十七遺資產約逾港幣一億元

（本報專訪）澳門富商高可寧，今晨八時，在本港馬己仙峽道新建成之華麗私宅內逝世，享壽七十七歲。高氏去歲在澳休養時，經醫生診斷為患嚴重癌症，即轉回本港療治，曾施手術後，醫生認為五臟中患癌多處，且高氏年事已高，不易療治。高氏家人亦電各公子報告。

附錄五：《工商晚報》（1954 年 8 月 3 日）

高可寧捐助澳門同善堂

同善堂列位同寅均鑒，敬啟者，昨閱報章刊載，得悉何賢梁昌兩君發起，擬將賀弟港居落成之禮品，折款葡幣四千元，撥作貴堂為施粥濟貧之用，此種善法，本當贊同，惟港方所建之新屋，乃德成置業公司之建築物，此乃營業性質，非實居可比，何梁兩君之善意，未敢拜嘉，如有其他親友賀款收到，敬請貴堂代為婉卻璧回，並祈將鄙意轉知何梁兩君及其其他親友，請其原諒。關於貴堂施粥工作，有停辦堪虞，弟歷向追隨諸君□尾，現謹竭綿薄，付呈葡幣二千元，作為弟□人捐助貴堂施粥經費之用，區區□意，尚祈接納。今後施粥持續工作，有賴於熱心人士鼎力□助。草此即頌公安，弟高可寧謹啟，一九五四年八月二日。

附錄六：《中山日報》（1946 年 7 月 6 日版）

澳門政府庇護漢奸　非法拘禁記者《掃蕩報》籲請當局提抗議

中央社訊：軍事委員會政治部掃蕩報社中山版駐

澳門特派記者邵延相、該報駐澳門辦事處職員王伍奕於上（六）月三十日下午四時被澳門當局非法逮捕，拘入獄達二十一小時後始釋放，原因緣該報於上月三十日刊載《華南經濟大漢奸高可寧 澳門政府竟派葡兵保護》新聞一則，葡方竟謂全非事實，即著警察廳逮捕，並派密探將該報澳門辦事處嚴密監視。據該報中山版主任林鳳祥來函指陳，該報所載新聞事實確鑿（廣州《和平日報》於上月二十八日亦有刊載），詎知葡方竟不顧國際信義，縱庇漢奸，又未諮詢我駐澳門外交機關，擅自非法逮捕拘留我國新聞人員，此不僅侮辱我新聞記者，且極蔑視我國尊嚴，除請外部駐澳特派專員向葡方提出抗議，並要其道歉及保證我駐澳人員安全外，特請國內同業一致聲援。

附錄七：《工商日報》（1946 年 6 月 7 日版）

行營通緝第二批漢奸逮捕辦法與港商定 華僑日報社長岑維休……澳門紳富付老榕高可寧……均在通緝之列

（廣州訊）廣州行營昨（五）日公佈通緝第二批漢奸名單一百名，在香港淪陷期內，曾為敵偽惡意宣傳，詆毀我政府及英美盟邦而現仍照常出版之華僑日報社長岑維休，及澳門所謂紳富付老榕、高可寧亦在通緝之列。……

附錄八：《華僑報》（1949 年 1 月 25 日版）

高可寧函謝各僑團　主持正義　有力證明

（本報專訪）本澳殷商高可寧，生平樂善好施，素為此間人士所稱許。我國抗戰勝利初期，被誣有涉及漢奸嫌疑。嗣經國防部及廣東高等法院檢查處偵查明白，以證據不足，特下不起訴處分。判詞經於最近寄致高氏。同時穗金漢酒家亦予揭封。此間高氏友好聞訊紛紛踵門道賀。高氏以此次得獲清白，此固我當軸法治精明，更賴此間我機關及各僑團人士之主持正義，聯呈層憲，作有力之證明。實至感激。今一旦昭宣，特於昨（廿四）日向各有關方面道謝。該函原文，大意如下：逕啟者，可寧前被誣構，含屈莫伸。仰荷貴會諸公，主持正義，聯呈層憲證明。現奉廣東高等法院檢察處偵查終結，下不起訴處分。從此涇渭分明，是非大白。數年屈枉，一旦昭宣。此固我當軸法治精明，抑亦諸公大義磅礴所致也。可寧備承愛護，感戴曷極，謹函肅達，敬表謝忱。順頌公祺。諸維霽照不一。弟高可寧謹啟。一月廿四日

附錄九：《華僑報》所載抗戰時期高可寧慈善活動表

年份	日期	涉及機構、活動	備註
1937	11 月 23 日	澳門各界救災會	第四次執行委員大會
	11 月 27 日	救國公債	高可寧募得一萬元
	12 月 7 日	粵華中學	賣物籌賑，高可寧等捐助款項
	12 月 13 日	同善堂	第十四次常會會議
	12 月 21 日	澳門各界救災會	第十五次常會會議
	12 月 31 日	澳灣抗敵後援會救護隊	高可寧捐五十元
1938	1 月 12 日	廣東辛亥救護院書畫展覽會	高可寧買下冼裕莊訓兒篇書法一幅
	1 月 17 日	同善堂義學校	高可寧賞三十元
	1 月 17 日	澳門各界救災會	歲晚演劇籌款
	1 月 23 日	澳門各界救災會	第十九次常會會議
	1 月 27 日	中央執委會	函勉本澳各界領袖
	2 月 8 日	同善堂	第一期值理常會（高可寧值理捐獻物資）
	2 月 8 日	中國國民黨駐澳門直屬支部	高可寧先生樂助經費
	2 月 15 日	澳門各界救災會	第十二次常務會議
	2 月 19 日	救國公債勸募會澳門分會	第十七次常務會議
	3 月 7 日	澳門各界救災會	第廿二次常會，高可寧認捐五百套（雨具）
	3 月 11 日	華僑救護桑梓	籌募分會
	3 月 25 日	澳門各界救災會	高可寧捐款一千五百元
	3 月 28 日	全澳花界救災會	高可寧先生捐助西紙二十元

	3月28日	同善堂	本年第六次值理常會
	4月2日	粵購機保衛廣東公債會澳門分會	聘高可寧為副委員
	4月24日	平民義學	演劇籌款
	6月15日	澳門各界救災會	各界救災會發起勸募，為廣州災民請命
	6月29日	高可寧為先翁祝冥壽	一萬元匯省府救濟被難同胞，一萬元分配港澳各救災團體
	7月2日	廣東省國防公債會	澳分會聘委員，高可寧為副主任
	7月3日	同善堂	第十五次值理常會
	7月4日	婦女慰勞會	高可寧捐贈毫券二千五百元
	7月23日	同善堂	第十七次值理常會會議
	7月26日	香港學賬會	籌款，高可寧為名譽顧問
	7月30日	澳門各界救災會	催收各界捐款
	8月1日	澳門各界救災會	請各社團代收獻金款項
	8月13日	澳門各界救災會	舉行第四十次常會
	8月14日	澳門各界救災會	假座澳門商會開“八一三”紀念大會
	8月21日	廣東省國防公債會	高可寧認購一萬元
	8月22日	澳門各界救災會	高可寧捐獻五百元（“八一三”獻金錄）
	9月11日	佛笑樓	行義賣
	9月14日	僑澳國貨小販救災義賣場	賣義進行順利
	10月4日	鮮菓行	高可寧捐毫券一百元
	10月6日	澳門各界救災會	各界會昨匯義款
	10月7日	旅業行	義款昨匯中樞
	11月23日	國民政府文官處	函謝義賣款

1939	1月12日	培正、協和、嶺南、培英	聯合四校籌賑難民
	3月20日	澳門各界救災會	高可寧副主席捐助會務經費雙毫一百元
	3月26日	同善堂	本年第四次值理常會
	8月10日	澳僑"八一三"獻金	澳僑各界"八一三"兩周年獻金運動
	8月11日	四界救災會	高可寧捐資雙毫六十元
	8月14日	"八一三"全面抗戰兩周年	假商會禮堂開紀念大會
	8月21日	"八一三"紀念獻金	高可寧捐銀六十元
	9月2日	鏡湖醫院	第十六次值理常會
	9月8日	紀念"九一八"	舉行"九一八"紀念大會
	10月18日	平民義學	平民義學銷戲票
	11月25日	書畫古物展覽會	義賣、籌款振濟難民
	12月2日	南海難民救濟會	古物義展
	12月10日	南海難民救濟會	古物書畫義展，選購者眾
	12月25日	華僑公立孔教學校	整理孔教校產會
	12月26日	同善堂	本年第三十一次值理常會
	12月29日	華僑公立孔教學校	高可寧委員通告就職
	12月31日	同善堂	高可寧即席捐萬金
1940	1月18日	港澳振濟會澳門分會	高可寧被聘為委員
	1月22日	平民免費學校	高可寧被聘為校董
	1月24日	同善堂	贈種牛痘
	3月7日	同善堂	高可寧舉行施粥
	3月8日	全澳僑胞假座商會	商討救濟難民辦法
	3月10日	闔澳華僑濟難會	成立闔澳華僑濟難會
	3月11日	闔澳華僑濟難會	高可寧任常委
	3月16日	闔澳華僑振濟會	高可寧認捐國幣二千元

	3 月 19 日	闔澳華僑振濟會	派隊沿門勸捐
	5 月 6 日	平民免費學校	舉行首次堂議
	6 月 21 日	濟貧院	高可寧捐助該院港幣五百元
	6 月 25 日	同善堂藥局	日間開辦
	6 月 28 日	澳門新聞從業員組織	高可寧勷助雙毫五十元
	7 月 3 日	同善堂藥局	值理高可寧個人首先捐資一萬元，以為基金
	7 月 10 日	同善堂	第十六次值理常會會議
	8 月 1 日	同善堂藥局	善信捐助藥局款項
	8 月 5 日	平民義學	高可寧君樂意慨捐雙毫一萬元
	8 月 12 日	平民義學	舉行第一次會議
	9 月 3 日	同善堂藥局	向各藥行徵集藥品
	9 月 12 日	平民義學	進行籌建校舍
	10 月 6 日	同善堂	第廿五次值理常會
	10 月 6 日	同善堂	高可寧捐助重建經費銀五千元，又承擔一切不敷財政
	10 月 8 日	同善堂	高可寧、傅德蔭兩君捐助同善堂藥局鉅款數萬元
	10 月 26 日	平民義學	演劇銷券
	10 月 30 日	平民義學	籌款，高可寧購協和公司汽水一支大洋一千元
	11 月 1 日	鏡湖醫院	高可寧捐雙毫一百元
	11 月 19 日	鏡湖醫院	收到捐款
	11 月 23 日	平民義學	高可寧、傅德蔭慨捐鉅款二萬餘元
	11 月 25 日	同善堂	高可寧先生發起組織“慈善月會”
	11 月 28 日	鏡湖醫院	演戲籌款，高可寧、黃豫樵等分擔全部演戲經費
	12 月 12 日	同善堂	施衣施粥

	12 月 15 日	同善堂	高可寧捐西紙五十元
	12 月 20 日	澳門小型足球協會	足球棉衣義賽
	12 月 28 日	同善堂	高可寧及傅德蔭，捐助鉅款襄助
	12 月 29 日	崇實中學	高可寧等之贊助，添置樂器多件
1941	1 月 14 日	同善堂義學	舉行畢業禮
	2 月 2 日	同善堂	日間舉行就職典禮
	3 月 15 日	澳門商會	償還置產公益會款
	3 月 23 日	鄭褧裳慈善畫展	鄭褧裳畫展開幕
	3 月 26 日	澳門華人籌賑葡國風災會	本澳各華人團體發起籌賑葡國風災
	3 月 29 日	鄭褧裳慈善畫展	鄭褧裳慈善畫展得款千餘元
	4 月 2 日	同善堂	值理常會會議
	4 月 15 日	澳門商會	主席高可寧特慨捐西紙五千元
	4 月 16 日	澳門華人籌賑葡國風災會	高可寧捐二千元
	4 月 21 日	鏡湖醫院	高可寧慈善捐款項下撥捐款西紙一千元
	4 月 22 日	澳督	高可寧先生善款西紙一千元
	4 月 27 日	澳門華人籌賑葡國風災會	高可寧捐西紙二百九十元
	4 月 30 日	澳門華人籌賑葡國風災會	賑災演戲
	5 月 7 日	陳叔平慈善畫展	高可寧等購畫多幅
	5 月 8 日	同善堂	同善堂開特別堂期會議
	5 月 8 日	陳叔平慈善畫展	高可寧定下“魚”一幅，五十元
	5 月 11 日	同善堂	值理常會
	5 月 31 日	同善堂	值理常會會議

	6 月 10 日	同善堂	值理常會
	6 月 20 日	同善堂藥局	盈利撥歸同善堂，虧折高氏自填回
	6 月 30 日	華僑中學	為擴辦民眾夜校義演
	7 月 14 日	鏡湖醫院	高可寧助鏡湖醫院建設藥局，允捐一萬元
	7 月 18 日	大批柴薪日間運澳	政府出資購來，交高可寧、梁後源辦理
	7 月 18 日	山頂國家醫院	高可寧特捐出款項交由梁林記代辦木牌
	7 月 19 日	鏡湖醫院	顧問高可寧先生面商請其勸助，蒙允竭力帮忙
	7 月 19 日	鏡湖醫院中藥局	高可寧先生慨助資本雙毫一萬元
	7 月 27 日	公柴開始分售	政府墊支鉅款購辦鉅量柴薪回澳，委高可寧等售賣
	8 月 4 日	孔教學校	高可寧捐千元為修理校舍之用
	8 月 8 日	鏡湖醫院	高可寧顧問承即席慨捐雙毫一萬元改良藥筍
	8 月 13 日	同善堂	高可寧發赴向美國紅十字會認領美麥六噸
	8 月 19 日	同善堂	同善堂發起煮粥施賑，高可寧捐雙毫一百五十元
	8 月 19 日	實用中學	高可寧捐贈免費學額一名
	8 月 24 日	鏡湖醫院	賣花為鏡湖籌善款，高可寧認買花一朵捐雙毫一千元
	8 月 28 日	良友足球體育會	高等願將南灣新填地一段借與良友會，建築球場
	8 月 29 日	同善堂	值理常會會議
	8 月 29 日	同善堂	值理高可寧等到場協助
	8 月 30 日	同善堂	高可寧氏親手給粥與貧民

	9月3日	實用中學	初中一考生胡炳昆獲得高可寧捐贈免費學額
	9月4日	同善堂	高可寧氏先進備銅仙四十元（六千枚派與貧者）
	9月5日	同善堂	高可寧、其夫人及其女公子，均到場協助工作
	9月8日	澳門婦女會	贈商會主席高可寧先生獎
	9月8日	同善堂	高可寧每天均格外戮力（施粥）
	9月10日	同善堂	值理高可寧等施粥辦理有方
	9月11日	同善堂	達萬七千餘人
	9月12日	同善堂	高可寧夫婦與女公子、媳婦等到場協助工作
	9月13日	同善堂	高可寧等到場指揮工作
	9月18日	澳門婦女會	得商會主席高可寧季軍獎
	9月19日	同善堂	高可寧等到場指揮
	9月19日	天主教救濟會	中葡人士熱心慈善，積極籌設託兒所
	9月22日	同善堂	同善堂施粥各界熱烈贊助
	9月27日	鏡湖醫院	商會主席高可寧先生等籌設兒童寄託所
	9月28日	同善堂	高可寧監督到場指揮工作者
	9月29日	同善堂	禤鏡洲義演醒獅國技，籌款贊助施粥
	10月5日	洋服行首飾行	踴躍捐款贊助同善堂施粥
	10月7日	子裳學校	高可寧先生捐贈全部書籍及各教員義務教授
	10月8日	華南兒童教養會	高可寧捐助五百元
	10月25日	同善堂藥局	高可寧聲明再承擔募捐西紙三千元

	11 月 6 日	兒童教養會	商業隊隊長高可寧積極進行募捐、勸捐
	11 月 20 日	籌設託兒所募捐委員會	高可寧捐西紙五千元、夫人捐西紙五百元
	11 月 24 日	同善堂	值理常會會議
	11 月 29 日	同善堂	同善堂施粥由 11 月 30 日起停止
	12 月 4 日	巴拿馬幻術社	高可寧捐廿元
	12 月 5 日	鏡湖醫院	演劇籌款，高可寧購全場名譽花座四位
	12 月 6 日	美國紅十字會	送麥米廿噸助同善堂施粥之用
1942	1 月 2 日	同善堂	高可寧捐助港紙二十元
	1 月 25 日	天主教平民飯場	高可寧捐出是日該會全場虧蝕費用
	1 月 26 日	同善堂	該堂值理高可寧經手募捐
	1 月 26 日	天主教平民飯堂	所售出之平民飯，命名為“高可寧飯”
	2 月 13 日	國際盃足球義賽	會長高可寧購入場券一張，捐助五百元
	2 月 13 日	同善堂	高可寧助米施粥，託同善堂煮賑
	2 月 14 日	第二平民飯場	飯場所售出之平民飯，命名“可寧飯”
	2 月 18 日	同善堂	高可寧氏，捐資濟眾，舉辦施粥
	2 月 19 日	怡興堂賑粥會	高可寧氏在其間施粥
	2 月 19 日	同善堂	同善堂施粟米，大福公司施粥
	2 月 22 日	同善堂	高可寧敦請藍李氏善士施粥
	2 月 23 日	同善堂	高可寧氏力請各親友施粥濟貧
	3 月 3 日	天主教平民飯場	高可寧先生捐港紙一百二十元

	3月6日	澳督	高可寧及署名無名氏者送交澳督白米二百包
	3月7日	澳僑賑饑會	濟貧工作積極進行，不遺餘力
	3月8日	同善堂	同善堂粟米派罄，今天停施
	3月13日	天主教平民飯場	高可寧先生送出白米十包
	3月13日	同善堂	高可寧氏，連續施粥救濟
	3月15日	同善堂	高可寧君等在青洲施粥，努力任事，未嘗稍懈
	3月17日	同善堂	青洲派粥暫告結束
	3月18日	同善堂	高可寧共施九天，共雙毫九百一十四元零一仙、港紙一千二百二十六元一毫二仙
	3月20日	同善堂	高可寧善士等施粥卅天
	3月22日	澳督	高可寧經手募得善款
	3月26日	兒童教養會	高可寧捐港幣五百五十元
	3月28日	歸僑運動積	高可寧捐出大洋一千元
	3月29日	回鄉會	護送從少數著手
	3月30日	回鄉會	籌備遣散第一批
	4月6日	賑饑會	高可寧先生借出杉板鋪在地上，以便乞丐睡宿
	4月12日	鳴聲劇團	義演，高可寧購廿五元榮譽券四張
	4月16日	霍亂病者死亡	梁後源、高可寧捐辦牌記
	4月19日	回鄉會	指導協助僑民回鄉工作
	4月19日	小型球界	高可寧先生購五張（認購十元榮譽券）
	4月25日	澳僑協助難民回鄉委員會	高可寧先生捐大洋二千五百元
	4月26日	回鄉會	高可寧先生捐出三千五百元
	5月6日	同善堂	演戲籌款，高可寧購四張

	5月7日	高可寧赴廣州灣	籌款兼“道喜”
	5月14日	同善堂	義演，高可寧購一朵大洋一萬元
	5月17日	無原罪工藝學校	高可寧捐助一千五百元
	5月18日	回鄉會	募捐組主任高可寧
	5月19日	義擎天劇團	義演籌款，演戲籌款主席高可寧
	5月25日	梁劉小球義賽	商會主席高可寧，蒞場主持行開球禮
	5月29日	澳門商會	並撫卹殉職警探之遺族，徵募捐款至下星期三止
	5月31日	兒童飯場	高可寧捐五百元
	6月4日	回鄉會	傅氏將與高可寧氏，於籌得總數，再加捐一成
	6月5日	獎卹警探募捐	商會主席高可寧捐百元額港紙五百元
	6月10日	平民售粥處	高可寧暨其夫人捐助十元額港幣一千元
	6月12日	可寧盃小球賽	獎品向本澳商會主席高可寧徵求
	6月12日	平民膳食處	高可寧暨其夫人楊詠生女士合捐十元面額港幣一千元
	6月17日	難童餐	高可寧等捐助鉅款
	6月18日	鏡湖醫院及同善堂	高可寧氏親赴廣州灣，採辦棺板國幣十餘萬元
	6月22日	難童餐	高可寧捐五百元
	6月27日	澳僑賑饑會	高可寧答允代該堂籌款
	6月30日	鏡湖醫院	演劇籌款大會高可寧購榮譽券共二萬元
	7月3日	廣州灣	高可寧等月前去函該地殷富，請求捐助善

	7月3日	嘉撒諾仁愛會育嬰堂	高可寧對於育嬰堂之會務亦甚關懷
	7月5日	鏡湖醫院	高可寧購花共一萬元、夫人一千元
	7月11日	兒童教養院	高可寧先生代廣州灣華僑捐助國幣五千
	7月19日	巴拿馬幻術社	演劇籌款
	7月24日	回鄉會	籌備會議，一切費用由高可寧君捐出
	7月25日	公柴販賣處	高可寧氏每日特購商米到場，以公價賣與工人
	7月27日	公柴販賣處	高可寧親自到場指揮工人發售
	8月13日	回鄉會	高可寧、傅偉生兩善士，長期加捐善款十分之一
	8月13日	華南兒童教養會	高可寧先生捐助鉅量米石
	8月17日	三角慈善游泳比賽	高可寧捐國幣二千元
	8月20日	同善堂	廣洲灣殷商捐助本澳善堂
	8月22日	青洲施粥場	高可寧捐二百個蔴包
	9月12日	回鄉會	高可寧及賑饑會等借用數萬元
	9月20日	茶花舞三國選后會	高可寧君交來之四千元港紙
	9月25日	高可寧娶媳節省之筵席金	捐出大洋三萬元
	9月29日	茶花舞三國選后會	三國皇后頒獎禮
	10月1日	海角義舞	海角舞場為貧民屋籌款之義舞大會
	10月2日	回鄉會	高可寧擔認三十人
	10月2日	精彩小球慈善比賽	開球禮敦請高可寧主持
	10月10日	慈善足球會	高可寧等發起人徵求各界為會員
	10月19日	青洲難民營	高可寧及其夫人、公子等共認養四十人

	10月22日	巴拿馬義演會	高可寧購券百元
	10月29日	閃電足球慈善賽	高可寧等送贈大銀盃
	10月30日	天主教救濟會難童寄託所	高可寧捐國幣五千元
	11月1日	同善堂	高可寧等派贈青洲貧民現款每人雙毫一元
	11月6日	茶花舞三國選后會	高可寧補貼港紙四千元
	11月17日	慈善遊藝會	高可寧等熱心贊助
	11月20日	功德林	高可寧善士捐助雙毫五十元
	12月13日	花國歌姬同人	發起籌募棉衣
	12月13日	慈善賣物遊藝會	高可寧君捐助華貴收音機一座作為獎品
	12月16日	助海島市施粥	高可寧以海島市貧民生活困苦，昨特捐出雙毫一千元
	12月17日	回鄉會	高可寧等合贈出蔴包衣二百餘件
	12月20日	慶祝高可寧榮獲勳章大會	高可寧加捐大洋十萬匯呈澳督撥各善團
	12月23日	同善堂	同善堂開值理常會會議
	12月23日	澳門商會	高可寧負擔半數，其餘由各值理平均負擔云
1943	1月3日	無原罪學校	高可寧贈鞋二百對
	1月7日	全澳歌姬	高可寧認購名譽券一張、慨助港紙二千元
	1月16日	海島市行政局	辦理施粥經費，由富商高可寧及澳督戴思樂負責
	1月17日	回鄉會	最後委員會議
	2月9日	警察體育會	慈善拳賽高可寧慨允捐助港幣一千元
	2月15日	同善堂	高可寧借來雙毫二萬五千二百零二元四毫六仙

	2月28日	慈善舞賽	高可寧捐港幣一百五十元
	3月2日	經濟局	經濟局商討事關糧食問題
	3月12日	貧民收容所	簽字承認照前額認養貧民者有高可寧
	3月22日	婦女會	高可寧捐雙毫一百三十五元
	3月24日	平民義學	定期義演召開籌備會議
	3月27日	王關聯合慈善藝展會	即席定畫者有高可寧等
	4月4日	公進會平粥場	高可寧兩君，允許每月捐助雙毫一百元
	4月7日	平民義學	廿周年紀念席高可寧認捐一萬元
	4月12日	公進會平民粥場	是日粥價由澳督及高可寧捐出，共計一百元
	4月13日	平民義學	演劇籌款，高可寧捐港紙一千元
	5月6日	聖母無原罪工藝學校	高可寧先生昨到該校參觀，慨以港幣五千元捐助
	5月11日	難童餐	支銷大，現暫由高可寧代為墊支
	5月15日	同善堂	救濟貧童籌備會成立義演大會推定全部職員
	5月26日	濠江中學	高可寧捐助港幣五十元
	5月30日	功德林平粥會	高可寧捐五百元
	5月30日	同善堂	籌募難童餐義演會高可寧捐國幣一萬元
	5月31日	鏡湖醫院	計劃興建解剖室，各種儀器經費，由高可寧等捐出
	6月6日	難童餐	高可寧葡幣一千五百元以為預購義花一朵
	6月16日	無原罪工藝學校及鮑斯高紀念中學	高可寧捐助一萬元
	9月11日	糧食互助會	舉行特別常會

	9月28日	鮑斯高無原罪學校	高可寧捐西洋紙二千元
	10月8日	鏡湖醫院	全澳居民為鏡湖醫院籌款大會
	11月9日	鏡湖醫院	鏡湖籌款大會高可寧捐國幣十萬元
	11月14日	協和中學	畫展是日定畫者計有高可寧等
	11月20日	難民營足球義賽	高可寧購捐十元
	11月30日	育嬰堂	高可寧夫婦等捐資相助
	12月13日	公進會平民粥場	音樂籌款會高可寧購一百一十元名譽券
	12月22日	全澳貧童募集聖誕禮物之籌款大會	得高可寧等贊助
1944	1月21日	同善堂	難童餐高可寧捐出雙毫一千八百二十元
	2月6日	小龍劇團義演	聘定顧問職員進行
	2月8日	粵劇義演會	為難民營籌款
	2月9日	同善堂	開值理常會
	2月18日	書畫義展會	分隊推銷畫券
	2月23日	粵劇義演	為難民營演戲籌款
	3月9日	書畫義展會	高可寧捐一千元不取畫券
	3月10日	播音台演戲	高可寧購六張
	3月13日	望德平民粥場	高可寧捐葡幣一百元
	3月16日	培道、培正	籌募清貧學額經費
	5月2日	戒聞畫展	定畫者有高可寧等
	5月23日	調查難民委員會	澳督委出高可寧等成立
	5月25日	徐淞盃三角小球義賽	舉行頒獎典禮
	5月27日	省港澳三埠慈善球賽	高可寧捐一百元
	7月5日	同善堂	開值理會議
	7月13日	陶英遊藝籌款會	捐銷無限額者有高可寧等

	7月17日	望德中學	高可寧熱心教育即席捐助一萬元國幣
	7月21日	陶英小學	籌款遊纏大會高可寧購一張卅元
	7月26日	周霑畫展	定畫者有高可寧等
	8月4日	同善堂	值理會議
	8月10日	柿山結義堂少獅團	舞獅籌款高可寧捐大洋七百元
	9月10日	平民飯場	成立大會選出職員為救濟會籌募
	9月24日	鏡湖醫院	鏡湖醫院籌款會分組進行務祈籌得巨大善款
	10月12日	鏡湖醫院	梁上燕歌舞音樂電影義演高可寧認購二百元
	10月14日	鏡湖醫院及同善堂	舞獅採青大會高可寧捐廿元，中儲券計算
	10月22日	育嬰堂	高可寧捐助葡幣一千元、其夫人捐五百元
	12月11日	澳門歌姬粵劇義演會	高可寧購兩張二百元入場門券
	12月20日	同善堂	值理會議
	12月24日	難童聖誕餐	高可寧氏每人給以紙幣五毫
1945	1月1日	歌姬籌款會	高可寧購票二張澳幣二百元
	1月7日	功德林	平民飯場高可寧捐葡幣二十元
	1月11日	同善堂義學	高可寧捐五十元
	2月2日	一元慈善彩票	印票費用千餘元由高可寧君捐出
	2月8日	公進會平民粥場	高可寧等第廿三期捐款葡幣百元
	2月9日	高可寧施惠盲人	高可寧在南灣良友球場施贈盲人米食
	2月10日	同善堂藥局	實得高可寧氏支鉅款穫有鴻利二萬餘元

	2 月 12 日	南灣良友球場施派白米	高可寧在南灣良友球場施派白米
	2 月 21 日	同善堂	聯歡大會建議捐贈產婦白米
	2 月 24 日	捐米救濟貧僑	另捐助各大慈善機關
	2 月 25 日	中葡青年會	籌辦球類比賽，高可寧捐一百五十元
	3 月 12 日	廣州澳門排籃球義賽	拍賣義球，高可寧葡幣一千三百元購得
	3 月 22 日	平民飯場	高可寧捐出一百元
	3 月 25 日	順德贈醫社	高可寧捐五萬
	3 月 30 日	救濟滬葡僑	高可寧捐出之葡幣二百元
	4 月 20 日	粵劇義演大會	闔澳鹽商籌募難童餐經費
	4 月 27 日	同善堂	值理會議
	5 月 2 日	清輝盃小球義賽	高可寧先生當場捐助葡幣一百元
	5 月 20 日	澳門居民糧食救濟會	高可寧捐穀一萬斤
	5 月 21 日	糧食救濟會	該會一切糧用經費由高可寧捐出
	5 月 21 日	鏡湖醫院外科手術室	高可寧先生答允捐助手術室建築費雙毫銀一萬元
	6 月 16 日	平民粥場	售花籌款，高可寧捐一百元
	6 月 17 日	澳門糧食救濟委員會	廉售米粉
	6 月 28 日	託兒所籌款	組織義演籌款大會，選出職員積極工作
	7 月 21 日	鏡湖醫院	為鏡湖醫院籌募經費委員會定期召開會議
	7 月 23 日	慈善水藝會	聘高可寧為顧問
	8 月 10 日	育嬰堂	育嬰堂籌募經費大會
	8 月 21 日	婦女會	高可寧捐二百元

參考書目

（一）書目

林發欽、王熹編，《同善堂金石碑刻匾聯集》，同善堂，2017 年。

吳志良、湯開建、金國平，《澳門編年史（第五卷）：民國時期（1912－1949）》，廣東人民出版社，2009 年。

施白蒂著、金國平譯，《澳門編年史——二十世紀（1900－1949）》，澳門基金會，1999 年。

葉顯恩、周兆晴，《廣東航運業的近代化》，載《珠江志》，廣東科技出版社，1991 年。

丘傳英主編、廣州市經濟研究院編，《廣州近代經濟史》，廣東人民出版社，1998 年。

高福耀編，《高可寧先生言行錄》，香港廣信印務公司承印，1956 年。

許世元、崔世平、馮國輝、同善堂秘書處編，《同善堂一百二十周年特刊》，同善堂值理會，2013 年。

陳樹榮主編，《同善堂一百周年特刊》，同善堂值理會，1992 年。

陳樹榮編，《同善堂一百一十周年紀念集》，同善堂值理會，2002 年。

林廣志、葉農編，《澳門舊街往事》，民政總署，2013 年。

莫嘉度・菲德爾著、舒建平譯，《從廣州透視戰爭：葡萄牙駐廣州總領事莫嘉度關於中日戰爭的報告》，上海社會科學院出版社，2000 年。

Morgado, Vasco Martins. *A Guerra Vista De Cantao: Os Relatórios De Vasco Martins Morgado, Consul—Geral De Portugal Em Cantao, Sobre a Guerra Sino—Japonesa*. Macau: Instituto Portugues do Oriente, 1998.

Jesus, C. A. Montalto de *Historic Macao: International Traits in China Old and New Macao: Salesian Printing Press and Tipografia Mercantil*, 1926.

張海鵬編，《中葡關係史資料集》，四川人民出版社，1999 年。

吳志良、金國平、湯開建主編，《澳門史新編》，澳門基金會，2008 年。

許世元、崔世平、馮國輝、同善堂秘書處編，《同善堂一百二十周年特刊》，同善堂值理會，2013 年。

（二）報紙

Boletim Oficial De Macau, 19 de Dezembro 1914.

Boletim Oficial De Macau, 30 de Setembro 1939.

《港澳巨商高可寧今晨在港寓逝世》，《工商日報》1955 年 4 月 13 日。

《高可寧叱咤濠江 20 年》，《蘋果日報》2014 年 5 月 23 日。

《澳門殷商高可寧何賢獲紅十字金質勳章　中秋節日在澳督府舉行授章禮》，《華僑日報》1951 年 9 月

17 日。

《葡海外部長羅瑟文在澳督府隆重授勳　何賢梁昌　鍾子光　高可寧傅德蔭等榮獲爵紳勳章　由羅部長親予佩帶　羅氏伉儷定七一來港訪問》，《華僑日報》1952 年 6 月 29 日。

《葡京世紀報記者在澳酬酢忙　與高可寧談近年生活》，《華僑日報》1948 年 6 月 12 日。

《高可寧何賢榮獲十字紀念勳章　昨由澳門代督親自頒授》，《工商日報》1951 年 9 月 17 日。

《播哈兩輪及碼頭均為高可寧投得》，《工商日報》1930 年 8 月 29 日。

《播哈兩輪報效方便醫院》，《香港華字日報》1931 年 2 月 21 日。

《同安公司省港輪船員昨日突告罷工》，《香港華字日報》1932 年 9 月 21 日。

《同安輪船公司罷工潮昨解決》，《香港華字日報》1932 年 9 月 22 日。

《港澳線上又多一華貴新船　德星號定日內開航　船上設有長途電話　今日舉行雞尾酒會招待各界》，

《工商日報》1950 年 4 月 28 日。

《華商總會新值理　昨舉行就職典禮　高可寧任正主席各部主任選定　主席致詞要拿著良心服務社會》,《華僑報》1941 年 2 月 20 日。

《華僑報》1937 年 11 月 23 日至 1945 年 8 月 21 日載高可寧慈善資料。

《同善堂藥局啟示》,《華僑報》1943 年 2 月 15 日。

《高可寧捐助澳門同善堂》,《工商晚報》1954 年 8 月 3 日。

《同善堂施粥　救濟貧民　各界捐款熱烈》,《華僑報》1941 年 8 月 30 日。

《同善堂施粥　警察廳長親臨指導　梁後源夫人慨助翡翠戒指一隻　望各女同胞繼起響應贊助善舉》,《華僑報》1941 年 9 月 3 日。

《同善堂施粥　各界踴躍捐助》,《華僑報》1941 年 9 月 4 日。

《澳督送米三包獎勉工人　販賣公柴一周紀念　高可寧等誓願表示清心》,《華僑報》1942 年 7 月 25 日。

《綠村別墅快鏡頭　游泳茶會中愉快熱鬧》,《華僑報》1948 年 8 月 16 日。

《圖片新聞》，《華僑報》1950 年 9 月 29 日。

《倭要求葡萄牙聯合統治澳門　圖自東西兩面側擊香港》，《中山日報》1941 年 12 月 19 日。

《港澳漢奸引渡手續將再交涉改善　以防此緝彼竄》，《中山日報》1946 年 3 月 27 日。

《匿跡澳門漢奸徐偉卿等解穗》，《中山日報》1946 年 5 月 8 日。

《澳門昨解到漢奸十一名》，《中山日報》1946 年 5 月 26 日。

《澳門政府庇護漢奸　非法拘禁記者　掃蕩報籲請當局提抗議》，《中山日報》1946 年 7 月 6 日。

《行營通緝第二批漢奸逮捕辦法與港商定　華僑日報社長岑維休……澳門紳富付老榕高可寧……均在通緝之列》，《工商日報》1946 年 6 月 7 日。

《葡人包庇保護下　匿澳漢奸高逆可寧防範之嚴有如顯要》，《中山日報》1946 年 6 月 28 日。

《殷商高可寧被誣案　粵高院查明下不起訴　澳中友好紛向高氏道賀　粵高院宣判書昨已寄到》，《華僑報》1949 年 1 月 22 日。

《高可寧函謝各僑團　主持正義　有力證明》，《華僑報》1949 年 1 月 25 日。

《今日“八一三”紀念　今日開始舉行義賣》，《天光報》1939 年 8 月 13 日。

濠江客：《日軍為何不進駐澳門？》，《澳門日報》1992 年 8 月 24 日。

《奇勒基寶遊澳門　高可寧設宴招待》，《工商日報》1954 年 11 月 22 日。

（三）期刊

趙利峰：《民國時期的澳門輪船航運業》，《澳門歷史研究》（澳門）2013 年第 12 期。

黃雁鴻：《儒商本色：高可寧的慈善事業》，《文化雜誌》（澳門）第 93 期。

馮翠：《抗戰時期澳門華商的慈善活動》，《澳門研究》（澳門）2015 年第 3 期。

陳敏：《戰後澳門肅奸風波與高可寧案探析》，《澳門研究》（澳門）2015 年第 3 期。

金國平、吳志良：《抗戰時期澳門未淪陷之謎》，《行政》2001 年 14 卷第 1 期。

莫世祥：《抗戰期間葡日合流內幕窺探——依據台北“國史館”蔣中正檔案部分史料透視》，《澳門理工學報》2013 年 16 卷第 2 期。

（四）其他

《同善堂歷史檔案陳列館》序言，藏於同善堂歷史檔案陳列館。

《高可寧先生像贊並序》載於同善堂高可寧像，文字由清賜進士及第頭品戴南書房行走翰林院編修朱汝珍拜書。

澳門文化遺產網：http://www.culturalheritage.mo。

圖片出處

P. 6、22、34、35、38、40、42、43、46、62、65、67、69、71、73、76、77、78、79、81、82、92 作者攝

P.10、12、16、44、49、60、63、66、68、84、87 澳門檔案館藏

P.21 陳樹榮：《澳門記憶（一）》

P.25 廖澤雲主編：《鏡湖薈萃圖片集》

P.29 利冠棉、林發欽：《19-20 世紀明信片中的澳門》

P.33 若瑟．利維士．嘉德禮：《永不回來的風景：澳門昔日生活照片》

P.36、54 廖澤雲主編：《鏡湖薈萃圖片集》

P.59 澳門聖若瑟修院藏品